教育分野に生かす 個と家族を支える 心理臨床

日本家族心理学会＝編集

家族心理学年報 38
Annual Progress of Family Psychology Volume 38 issued by Japanese Association of Family Psychology

金子書房

ANNUAL PROGRESS OF FAMILY PSYCHOLOGY
[Official Publication by the Japanese Association of Family Psychology]
Volume 38, 2020
PSYCHOTHERAPY FOR INDIVIDUAL AND
FAMILY IN EDUCATION FIELD

Michiko Ikuta, **Editor-in-Chief**　　　Koubun Wakashima, **President**

Editorial Board :

Hiroyasu Fujita　　Ryoko Hanada　　Keizo Hasegawa
Ayumi Kitajima　　Takahiro Kozuka　　Takeyoshi Nozue
Yasue Nunoshiba　　Yasuhiko Ohkuma　　Masako Okuno
Kohei Sato　　Koubun Wakashima

Editorial Advisor :

Noriko Hiraki　　Kiyotoki Sugitani

Japanese association of family psychology
Y G Building 5F, 2-40-7 Hongo, Bunkyo-ku, Tokyo
113-0033 JAPAN

は し が き

　現在この原稿を書いている2020年4月，日本，いや世界は未曾有の感染症災害に襲われている。つい2か月前まではこのように日常が一変するとは思いもよらなかった事態である。

　教育に関しても，現在日本全国の学校で休校となっており，オンライン授業の試行に四苦八苦している。当たり前だと思っていた，実在の人物と顔を合わせてコミュニケーションするということが，夢のような過去になった。

　この事態の唯一の良い所というべき点は，自宅学習によって「元不登校児」となり喜んでいる子どもが（もちろん全員ではないが）いることである。オンライン講義が始まると，これまでには無い問題が浮かび上がることだろうが，子どもの適応力，柔軟性に希望をつなぐしかない。

　また，親子がずっと家庭内に縛られるという状況により，海外ではDVが増加しており，日本でも今後児童虐待の増加などが懸念される。全世界が「同居家族」という人間関係に閉じざるを得ない状況となり，「家族」が改めて再認識されるきっかけにもなるだろう。

　本書の「教育における最近の動向」では，内田先生の"親子のパラレルパターン"の指摘は興味深く，臨床現場でも使いやすそうなワードである。また，鵜飼／鵜飼先生はSCとSSW両方の家族支援について言及していただいたことは，カウンセラーが多い本学会において貴重な知見であると言える。また，畠中先生の「AI化との関連で」の文章は，くしくも新型コロナによって直面している教育のIT化に関する提言を示して頂いている，まさに預言者のような文章であることに大変驚かされた。

　本書に収められた論稿として，大学における家族支援，教育虐待の問題，チーム学校，教員のメンタルヘルス，特別支援教育におけるデザインバリア，LGBTに関する諸問題，災害時支援，緊急支援，多文化理解など，現在ニーズが高まっている問題について，その他さまざまな重

要なテーマについてその専門の諸先生方に執筆いただいた。編者としても，大変面白い内容となっていると実感している。

　最後に，長谷川先生ご執筆のソリューションバンク，「うまく行った解決を集める試み」の考え方は，これからの未曾有の問題にも助けとなるだろう。

　次の国際家族心理学会大会（IAFP）は，2021年3月にドイツで開催予定である。しかし，この大会は開催できるだろうか。最もひどい医療崩壊が報じられたイタリア北部ロンバルディア州の家族研究者が「ここはイタリアの中でも感染者が増えつつあるが2021のIAFP大会にはぜひ参加したい」と答えていたのが2月初旬。彼女やその家族が無事であることを願う。

2020年4月

生田倫子

教育分野に生かす個と家族を支える心理臨床

I

教育分野に生かす
個と家族を支える実践

教育における個と家族支援の今日的課題

パラレル・パターンから見える親と子の成長

内 田 利 広

1　学校教育における今日的課題

学校教育と子どもの現状

　学校教育では，子どもたちの心身の健全な発達を目指してさまざまな取り組みが進められてきている。1995年度から始まったスクールカウンセラーの派遣をはじめ，不登校の子どもへの支援など教育相談の拠点としての教育支援センターの拡充，虐待による深刻な子どもの被害を防ぐための「児童虐待防止法」（2000年），さらに，特別支援教育を充実させ，幼児から成人までの総合的な支援を目指した「発達障害者支援法」（2004年），いじめ防止への強い姿勢を打ち出した「いじめ防止対策推進法」（2013年）の制定，など相次いで国からの施策が打ち出されている。

　このような国のさまざまな施策の背景には，子どもたちの問題が年々増加し，複雑化する中で，もはや学校だけで対応できる事態ではなくなってきているという認識があると考えられる。それゆえ，学校外の関係機関との連携を含めた総合的な支援（チーム学校）が求められるようになっている。そして，そのチームとしてのアプローチにおいて，保護者・家族とどのように連携し，協力関係を築いていくかが，今日の学校

臨床においては大きな課題になっている。

子どもを取り巻く家族の現状

　子どもを取り巻く家庭環境・社会情勢も，大きく変わってきている。まず離婚率は減少傾向にはあるが，1.68％（厚生労働省，2019a）と高い率のままであり，さらに晩婚化，少子化（合計特殊出生率，1.42）（厚生労働省，2019a）により一人っ子の子どもも増えている。また，家庭内では配偶者からの暴力（DV）への警察の対応件数が増加し（77,482件）（厚生労働省，2019b），さらに虐待対応件数もここ数年増加の一途をたどっている（2018年，159,850件）（厚生労働省，2019c）。

　子どもの問題行動の増加・深刻化の背景に，このような家庭環境の変化が影響していることは十分に考えられ，保護者自身も離婚し，さらに再婚することが子どもの発達に影響しないかを心配して相談に来られる場合もある。離婚，再婚の繰り返しによる実の親子ではない継父（継母），母親（父親），母親（父親）の実子で家族を構成する，いわゆるステップファミリーの問題である。このような家族が日本でも増えており，結婚するカップルのおよそ4組に1組がどちらか再婚であり（厚生労働省，2017），夫・妻のいずれかに前回の結婚で生まれた子どもがいれば，ステップファミリーということになる。日本では「ステップファミリーであることを知られたくない場合があるため問題が表面化しにくく解決が難しい」（小田切，2017）と言われており，ステップファミリーでは，夫婦が異なる環境で生活し，子育てを行ってきたので，子どもの躾や生活習慣などをめぐって問題が生じる可能性がある。

　しかし，現実に学校現場では，このような子どもの家庭環境にまで踏み込んで，子どもを理解し，支援を行っていくのはなかなか難しいところがある。それゆえに，チーム学校として示されているように，まずは学校内のスクールカウンセラーやスクールソーシャルワーカーと連携し，さらに学外の児童相談所や医療機関，福祉機関とも連携しながら，多面的な支援を行っていくことになる。

2 不登校をめぐる教育機会確保法の影響

不登校への理解の広がり

　不登校に関しては，ここ30年間学校教育における喫緊の課題としてさまざまな取り組みが行われてきた。2001年度にピーク（約13万人）を迎えた不登校児童生徒の数は，その後少しずつ減少し，これはもともとの子どもの数の減少もあるが，不登校への対応は一定の効果を挙げ，落ち着いてきたかに思われた。ところが，その後再び増加に転じ，2018年度は，164,528人の児童生徒が不登校になっている。その背景には，不登校に対する認識の変化があると考えられる。それは，文部科学省がそれまでの不登校への理解である「登校拒否問題への対応について」（1992年9月24日付け文部省初等中等教育局長通知），「不登校への対応の在り方について」（2003年5月16日付け文部科学省初等中等教育局長通知）の内容を見直し，2019年10月25日付けで，新たに「不登校児童生徒への支援の在り方について」という通知を出している。その中で強調されているのは，不登校の問題を「『学校に登校する』という結果のみを目標にするのではなく，児童生徒が自らの進路を主体的に捉えて，社会的に自立することを目指す必要がある」と指摘し，さらに「不登校の時期が休養や自分を見つめ直す等の積極的な意味を持つことがある」と述べている。これは不登校に対する大きな認識の変化であり，不登校を不適応行動，問題行動と捉える視点から，子どもにとっては積極的な意味のある期間として捉えていこうというものである。もっとも不登校という形で，学校教育が受けられない状態は，学業の遅れや進路への不利，社会的自立へのリスクがあり，積極的な支援が必要であることには変わりない。

　そして，そのために示されたのが，「義務教育の段階における普通教育に相当する教育の機会の確保等に関する法律（以下，教育機会確保法と記す）」（2017年2月14日施行）である。この法律が施行された後，学校現場では，さまざまな理由で学校に来られない子どもに対し，教育機

会の確保として，何らかの支援を行うことが求められるようになってきた。学校における別室登校をはじめ，学校外での学びの場として，教育支援センター（以前の適応指導教室）やフリースクールでの学びも教育の一環として，成績評価の対象にしていこうという動きが進みつつある。もっともこの場合，出席日数としてカウントできるようなフリースクールは，ある一定の基準を満たした認定フリースクールだけである。さらに，そのような施設にも行けず，家から出られない子どもには，パソコンによる ICT（Information and Communication Technology）を活用した教育支援を行うことで，学習の機会を確保する方法も模索されている。このように，多様な教育の機会が用意されるようになると，今度は学校に行けない子ども及びその保護者が，さまざまな支援の中から，どれを選択するかが課題となってくる。

不登校の子どもと保護者の思い

　不登校の子どもにとって，学校に行くのは難しいが，教育支援センターなどの少人数の学習の場であれば，行けるかもしれない。しかし，そこには同じ学校の子どもがいるかもしれない，途中で誰かに会うかもしれない。フリースクールもあるが，少し離れているし，どのような子どもや大人がいるか，全く想像もつかない。保護者にしても，家にずっといるのは心配であり，どこかに行って，勉強したり，人と関わったりしてほしいと願うところである。しかし，その場所として，まだ学校の中にある別室などのほうがいいのか，あるいは外部の施設である教育支援センターやフリースクールがいいのか，あるいは一度医療機関に行ったほうがいいのか，などかなり難しい選択を迫られる。悩んだ保護者が学校の先生と相談し，「教育支援センターを勧められたので，まずはどのようなところか話を聞きに来た」と教育支援センターに来られることもある。家から出られない子どもが，どこかつながれる場があればという思いから，親が熱心にいろんな施設を探して，見て回るが，その際に子どもの思いが置き去りにされないように留意する必要がある。

　不登校への支援の方法や施設が多様化する中で，子どもとその家族へ

の支援は，ますます複雑になり，難しくなっている。教育機会確保法の施行により，不登校の子どもたちが，なんとしても学校に戻らなければという登校圧力は減少し，大切なのは「社会的自立」であるとなっているので，保護者自身も学校へのこだわりは少なくなってきているように感じられる。それは，ここ数年の不登校数の増加に示されている。したがって，これからの不登校の子どもやその保護者への支援においては，その子がこれからどのような人生を歩んで，社会とつながっていくのかを視野に入れた支援が必要になる。そのためには，支援者のほうにも事前の情報が必要になる。個別のカウンセリングも大切であるが，むしろ子どもたちの居場所として，教育支援センターやフリースクールの特徴やどこにあるのか，そこに通うことのメリットとデメリットも含めて，多様な情報を分かりやすく，整理して伝えていく必要がある。そして，その中で，保護者がどの施設を選択し，どのような支援を望むかは，保護者の思い，さらにその家族の価値観やこれまでの体験により，大きく異なってくる。

　保護者の中には，自らも学校での体験が楽しいものではなく，学校を休んだ経験があり，何とか中学は卒業したが，高校ではすぐに躓いて途中退学して，高校も卒業できていないという場合もある。つまり，学校というものにあまり期待や希望が持てず，そこまでがんばって行かなくても，何とかやれるのではという思いの保護者もいる。逆に，親は学校に行くのは当たり前であり，自らはなんの疑問も持たず，また高校・大学と当たり前に進学し，それなりの大学を出たので，現在の生活環境があるのではと思っている保護者も多い。そうなると，子どもにも当たり前に学校に行ってほしいし，できれば大学まで行ってほしいという期待が湧いてくる。このように，保護者はさまざまな思いを抱いて，子どもの不登校に向き合うことになる。したがって，この親の持つ期待や願いが，どのようなものであるかを個々の保護者の思いに寄り添いながら確かめていくことが，子ども及びその家庭への支援において，大切であると考えられる。それは，これだけ不登校への支援が多様化する中で，親がどのようなことを子どもに望み，何を期待しているかを明らかにする

ことが，その親子の相互関係を理解し，家庭と学校と心理支援者が相互に連携して支えていく際に，重要なアンカーとなる。つまり，最近の不登校への支援は，何とか学校復帰に向けて取り組んでいくというスタイルから，個々の家庭のさまざまな思いや価値観，保護者自身のこれまでの学校体験や社会体験を含めた思いを汲み取りながら，その子ども，その保護者にあったオーダーメイドの支援を構築していく時代に入っていると考えられる。そしてその際には，保護者の思いだけでなく，必ず子ども自身の思いも汲み取りながら，親と子の認識，思いのズレが生じる可能性があることを踏まえ，そのズレを丁寧に扱い，それぞれの思いを重ね合わせながら，家族としての方向性を見出していくことになる。

3　発達障害の理解の広がりとその課題

発達障害と愛着障害のアセスメント

　小学校における子どもへの支援において，最近は発達に関する相談がかなり多くなっている。約6.5%の発達に課題のある児童生徒がいるのではないかという調査結果（文部科学省，2012）から，学校現場では一気に発達障害への注目が集まり，理解が広がっていった。確かに，これまでは，注意が散漫で落ち着きがないと注意されたり，忘れ物が多く，カッとなるとすぐに手が出て喧嘩になったりする子には，先生は厳しく指導をして，反省を促してきた。学校では，悪いことをしたときには，厳しく注意し指導をする必要があるが，それでもなかなか修正されない子を見ていて，これは発達的な課題があるのではという視点は，もっともであり，そのように理解することで，より深く子どもを理解することができるようになってきた。

　しかし，このように発達的な課題に対する理解が広がると共に，あらゆる子どもの問題行動が発達障害に結び付けられ，それで全てを理解しようとする傾向が高まっている（篠山，2019）。これは，学校教育というよりは，文部科学省の施策やマスメディアに因るところがあり，いじめの問題が取り上げられると，先生たちは一気にいじめの問題に意識が

行き，最近は虐待が注目されると，虐待対応件数がどんどん増加している。学校現場は，社会の動きやマスコミで取り上げられる事件・事故の影響を受けやすく，その対策を求める文部科学省からの通達により，教員はその課題への対応に追われ，意識が高まらざるを得ない状況がある。

　発達障害も，それに近い状況であり，問題行動や気になる子どものさまざまな行動が発達障害の特性と結び付けられて，理解されていくところがある。しかし，子どもたちは，さまざまな環境の中で生活し，生きているので，多くの環境要因が複層的に折り重なって，子どもたちの問題行動を形成していると考えられる。発達的な課題と環境による影響の両方の側面を含んだグレーゾーンといわれる子どもたちへの対応は難しい課題である。そこには，発達の課題と共に，家族との関係や友人やクラブ活動での周りとの関係などによる自己愛の傷つき，さらには教師との折り合いの悪さなどが影響してくる。特に最近は虐待への関心の高まりと共に，愛着障害をベースとした発達的な課題（杉山，2007）という視点も広がりつつあり，学校現場における子どもの発達障害への理解は，幅広い視野が求められ，見立てを行うことがさらに難しくなっている。

発達障害の教育的アセスメント：4類型をめぐって

　子どもの発達障害に関する見立てについて，内田・内田（2020）は，教師の日常的な関わりにおける子どもの特性の程度に注目している。すでに述べたように，最近の学校現場では，かなり発達障害の視点が取り入れられており，それゆえ先生方の捉える実感としての発達障害の可能性は，重要な情報となる。その一方で，子どもがこれまでどのような発達歴をたどってきたのか，特に発達障害に関する診断や発達相談等が，どの程度行われてきたのかがもう1つの視点となる。乳幼児期における発達健診や幼稚園・保育園での過ごし方，その際に発達の課題を指摘されたり，診断を受け療育に通ったりしたことがあるかなど，就学前において，どのような発達歴をたどってきたのか，さらに就学前健診などで，どのような指摘をされたのかなど，これまでの発達プロセスにおいて，どのように発達障害の可能性の指摘を受けてきたのかということは重要

な情報である。そして，内田・内田（2020）では，この「担任から見た特性の程度」と「発達歴から見た可能性」の２つの視点をクロスさせることで，４つのタイプを分類している。

　タイプ１は，担任から見ても特性がかなり強く，実際に診断等も受けているというタイプである。このタイプは，実際に特別支援の対象として，比較的対応はやりやすいところがある。タイプ２は，担任から見た特性は強く感じられるが，これまでの発達歴においてはその傾向はほとんど見られないタイプである。このタイプは，本当にこれまでに発達に関する指摘や保護者の困り感はなかったのか，慎重に吟味していく必要がある。タイプ３は，逆に，担任から見た特性は，それほど強く感じられないが，発達歴においてはすでに診断を受けており，その可能性を指摘されているタイプである。ここでも保護者がどの時点で発達のことを心配し，医療機関や福祉機関に繋がっていったかを丁寧に聞き取りながら，子どもの現状をしっかりと理解し，保護者と共有していくことになる。その際に大切なのは，発達障害の子どもも，発達し成長するので，子どもの特性も変化するということである。最後のタイプ４は，担任から見た特性の程度もそれほど強くなく，またこれまでの発達歴においてもそのような傾向は指摘されておらず，発達障害の可能性は低いタイプである。しかし，このようなタイプでも，問題行動を起こしたり，対人関係がうまく取れなかったりする子どもの保護者は，子どもの発達障害を疑って，相談にやってくる（内田，2019）。相談にやってきた保護者のニーズを汲み取り，丁寧に子どもの気になる行動を聞き取り，保護者のニーズに応える形で，どのように理解し，関わっていったらいいのかを伝えていくことになる。

子どもの成長と親子を育てる視点

　このように，学校，特に最近は小学校において，発達障害の課題が大きく取り上げられている現状において，何か問題行動や対人関係のトラブルが起こると，発達障害ではという理解が取られやすくなっている。それは，大事な視点であり，実際にそのような理解で子どもや保護者の

理解が広がり，特別支援の対象として支援を受けることで，子どもも親も楽になる場合もある。ただ，現実には，児童期思春期の子どもたちは，発達の途上にあり，周りの環境により大きくその影響を受けている。特に発達障害に関しては，子どもの行動を保護者がどのように理解し，対応するか，つまりその相互作用によって，大きく異なってくるところがある。したがって，子どもの問題行動を，単に発達だけの問題ではなく，その子どもの置かれた家庭環境での育ち，発達プロセスにも注目し，その子どもを抱える家庭環境との相互作用によって理解していくことも必要になることがある。発達障害の子どもも通常発達の子どもも，常に日々成長し，変化しており，それに対応する保護者自身の思いや関わりも，日々変化し，理解も深まっていく。これは，保護者自身の成長，発達として捉えることもでき，学校教育における子どもへの支援は，常に個の成長と共に，保護者・家庭の成長・発達を視野においた支援が求められるところである。

4　学校臨床における親子のパラレル・パターン

　これまで不登校や発達障害の問題を通して，子どもとその保護者への支援について考えてきたが，学校臨床は，現在大きな転換点にさしかかっている。それは，学校教育の多様化である。不登校の問題にしても，教育機会確保法により，子どもたちの学びをより広い視点から捉えようという流れが広がっている。その結果，不登校の子どもたちの数は，年々増加している。それだけ，子どもや保護者にとって選択肢が広がってきているが，その分さまざまな情報を集め，精査し，その中でどのような選択を行うかが，逆に子どもや保護者に問われる。そこには，保護者自身のこれまでの体験や価値観といったものが大きく影響してくる。さらに，発達障害においても，子どもの発達障害としての特性がどの程度あるかを基本としながら，その子どもの行動について，保護者がどのように理解し，関わってきたかという親子の相互作用による影響も考慮していく必要に迫られている。それは，親の躾の問題であったり，発達

障害という理解を受け入れようとしないいわゆる「障害受容」への抵抗であったり，あるいは逆に子どものさまざまな心のメッセージとしての症状を発達障害として理解したほうが対応がしやすいといった親の複雑な思いや期待によって，形成されてきている「織りなす綾」のような子どもと親との相互作用をも考慮した関わりが求められている。

このような複雑な子どもの発達過程を，特に親や家族との関係における成長のプロセスと重ねて理解するのに，パラレル・パターン（内田，2011）という視点がある。パラレル・パターンとは，"親の持つ思考・行動パターンと，子どもの持つ思考・行動パターンとの類似性"と定義され，保護者や家族との面接において，しばしば見られることである。不登校の話を聴いていると，母親自身も学校が嫌で不登校になっていたり，親が曲がったことは許せずに，小さい頃から周りに注意して煙たがられていたことがあり，またよく聴くと子どもも学校で周りの子どものいい加減さに耐えられず，またそれを注意しない担任へも不信感を持って，学校に行きにくくなっている場合などがある。そのような話を聴いていくと，今の子どもの課題は，実は親自身も小さい頃感じていたことと同じようなこだわり，躓き，そして傷つきであることが，見えてくることがある。それは，親にしてみると，ほとんど意識されることのない自らの思考・行動パターンであったが，子どもを育てる中で，どこか子どもにも伝わり，同じような（並行した）行動パターンとして時を越えて出現してくることがある。これがパラレル・パターンであり，家族療法的な理解では，世代を超えて伝達される家族投影過程として理解されるものである。

子どもへの支援において，単に子どもだけの問題として理解するだけでなく，そこには親や家族との相互作用により生じてきているパラレル・パターンにも目を向けることによって，親自身もあまり目を向けることのなかった自らのパターンに気づくことがある。その気づきは，パラレル・パターンにこれまでとは異なる変化をもたらし，親子それぞれの発達，成長が促進されていくと考えられる。つまり，現在の教育領域における支援において，さまざまな環境の影響を受けて，成長発達して

いく子どもたちを理解し，関わっていくには，その保護者を含めた家族への支援というのは必然的に生じてくるところであり，そのための理解の視点を持っておくことが，重要になってくると考えられる。

文　献

厚生労働省　2019a　人口動態調査　離婚率，合計特殊出生率
　　https://www.mhlw.go.jp/toukei/saikin/hw/jinkou/suikei19/dl/2019suikei.pdf（2020年4月23日閲覧）
厚生労働省　2019b　配偶者からの暴力に関するデータ
　　file:///C:/Users/uchida/AppData/Local/Packages/Microsoft.MicrosoftEdge_8wekyb3d8bbwe/TempState/Downloads/dv_data%20(1).pdf（2020年4月23日閲覧）
厚生労働省　2019c　児童虐待対応件数
　　https://www.mhlw.go.jp/content/11901000/000533886.pdf（2020年4月23日閲覧）
厚生労働省　2017　平成28年度人口動態統計特殊報告
　　https://www.mhlw.go.jp/toukei/saikin/hw/jinkou/tokusyu/konin16/dl/gaikyo.pdf（2020年4月23日閲覧）
文部科学省　2012　特別支援教育について
　　https://www.mext.go.jp/a_menu/shotou/tokubetu/material/__icsFiles/afieldfile/2012/12/10/1328729_01.pdf（2020年4月23日閲覧）
篠山大明　2019　発達障害は「ブーム」なのか．教育と医学，No.793，60-67．
杉山登志郎　2007　子ども虐待という第四の発達障害．学習研究社．
内田純子　2019　子どもの発達障害を疑う親へのアプローチ―親のニーズを映し返す試み．心理臨床学研究，37(2)，155-165．
内田利広　2011　不登校女子生徒の家族に見られた母子のパラレル・パターンについて―母・娘関係における世代間伝達をめぐって．家族療法研究，28(2)，150-157．
内田利広・内田純子　2020　発達障害の可能性がある児童生徒の見立てと支援―「担任の見立て」と「発達歴」の2軸による4類型から．京都教育大学紀要，第136号，93-107．

学校臨床における家族支援

鵜養美昭・鵜養啓子

はじめに

　家族心理学の研究者ではない2人への執筆依頼で戸惑ったが，目次構成を見て納得した。家族心理学会の外縁に位置して，現場で学校と家族にかかわり続けてきた実践家に執筆させ，今後の家族心理学研究の刺激にしたいということであろう。鵜養啓子はスクールカウンセラー（以下，SCと略す）として，鵜養美昭はコミュニティ心理学の立場から，実践し，学部生教育，院生指導をはじめとする臨床家養成，学校教育支援，システム構築，自治体審議会委員などをしてきている。その業務の中で感じてきた家族心理学研究に寄せられる社会的要請について考えてみたい。

　さて，本年報で教育領域の家族支援について取り上げるのは久しぶりである。その間に，心理臨床は大きな変化に見舞われてきた。社会的な役割が従来に比べ飛躍的に大きく要請されることになってきた。それは，本号の目次を一瞥しても一目瞭然である。虐待，発達障害，LGBT，ソリューションバンク，チーム学校，災害時支援，緊急支援などの言葉が連なり，社会的要請の高まりが見て取れる。

　こうした傾向は，社会の変化が加速度的に進行し，人々の心の環境に大きな変化が生じ，「心のケア」に対するニーズが高まることとなった

社会状況を反映している。1994年11月愛知県の中学2年の男子生徒が自死し，「いじめられてお金を取られた」という遺書が見つかった。社会的な反響は大きく，国会では「いじめ撲滅」が取り上げられ，公教育に臨床心理士が導入される契機となった。1995年1月にはM7.3の阪神・淡路大震災が発生し，さらに，同年3月，オウムによる地下鉄サリン事件が発生し，14人が死亡し，約6,300人が負傷するなどの大きな災害や事件が起こり，災害時支援，緊急支援の必要性も認識されるようになった。

　軌を一にして児童虐待にも耳目が集まった。児童福祉の分野では虐待を受けた子どもの心のケア・家族支援の必要性が強調されることになった。国も児童虐待への対応を重視し，2000年には「児童虐待の防止等に関する法律」を新設し，1947年に制定されていた児童福祉法の改正が行われ，2016年には特に虐待について大きく改正され，虐待通告が全ての国民に課せられた義務となった。また，虐待的な事象は子どもばかりでなく大人の人権侵害についても注目されるようになり，いずれも通称だが，パワーハラスメント防止法が2019年に，さらに犯罪被害者支援，迷惑防止条例，ストーカー規制法なども成立することとなった。

　こうした心のケアに対するニーズの高まりを受け，1995（平成7）年に文部省（当時）による「スクールカウンセラー活用調査研究委託」が全国154校で始まり，臨床心理士の活用による「学校における教育相談体制の充実」を図る際の諸課題について調査研究を行うこととなった。この事業が全国的に展開し，後に自治体の活用事業となり，中学校には原則全校配置になり，小学校や高校にも配置が及び，2014年には，2万3千校に上るようになった。このように，社会のあらゆる領域で心理臨床機能の制度化が求められるようになってきたのである。また，主に精神科医療の国家資格として，公認心理師法も2015年に成立している。

　こうした社会情勢の急激な変化を受けた心理臨床ニーズの高まりと制度化は，心理支援の学術的研究にどのように反映しているだろうか。残念ながら，関連する論文は必ずしも多くはない。上記に見たようにあまりにも短期間に急激な変化にさらされたために研究が追い付いてきてい

ないと推測される。その一方で，実践報告，調査報告などはさまざまな領域で盛んに行われるようになり，数を増してきている。今後は高まるニーズに押されて研究として熟成し，ジャーナル投稿も増加すると思われる。以下に，実践的な心理臨床現場のニーズを踏まえ，今後の研究の在り方に役立つことを念頭に論を進めたい。

1　学校教育と家族支援

さて，学校教育を進めるにあたって，子どもの最も身近な環境である家庭，その構成員である家族との協力関係は，大切であることは言うまでもない。しかしながら，学校教育の担い手である教師にとっては，子どもの家庭状況を知り，それに介入し，援助することは難しい課題と考えられてきた。家庭や家族にかかわることは，本人及び保護者のプライバシーにかかわることにもなり，教師としては躊躇することも多い。また，個々の子どもの背景を知りすぎてしまうと，一斉授業等でかかわるときに，ためらわざるを得ないことも出てくる。

さらに，教師はその仕事柄，自分のほうから他者に語りかけることに慣れていて，他者からの話を聴くという訓練をあまり受けてこない。そのため，保護者面談を行っても，教師のほうからの一方的な保護者への指導になりやすく，保護者の訴えや，保護者の抱えている困り感を聴き取って援助することには慣れていない。そのために，保護者は一方的に教師から責められている気分になり，場合によっては「わかってもらえない」という思いになってしまうこともある。さらには，保護者の怒りを買って，対立構造になってしまったりもしやすい。

そういう状況にあるときに，1995年から公立学校にSCが配置されるようになって，学校としては新たな局面を迎えた。現在，文部科学省は，SCの職務の軸に保護者に対する助言・援助を挙げている。すなわち，SCの職務の中心は，子どもたちに対するカウンセリングではあるが，それを行うときに，子どもの保護者に対する適切な働きかけを行っていくことがその職務に定められた。教師だけでは十分にできなかった部分

を，SC に期待したのである。

　また，2008年から配置されたスクールソーシャルワーカー（以下，SSW と略す）の職務内容としては，第1番に「問題を抱える児童生徒が置かれた環境への働き掛け」が挙げられ，さらに，「保護者，教職員等に対する支援・相談・情報提供」を掲げている。これに伴って，SSW に家庭訪問を依頼している自治体もある。

　学校の中に，新しい職種を導入することで，今まで困難だった，学校と家庭，保護者との連携を円滑に行えるような配慮がされてきている。

2　SC・SSW と保護者面接

　SC は非常勤の勤務が中心である。そのため，SC となっている人は，他の職場での心理支援の経験を持っていることが多い。子どもにかかわる機関での経験のある人は，子どもと保護者の並行面接を行い，保護者の悩みを聞き取るとともに，保護者と一緒に子どもへの理解やかかわりについて考えていくスタンスをとっている。また，病院やその他の相談機関で，成人のカウンセリングの経験を持っている人は，保護者の年齢の人の話を聴いていくことにためらいを感じずに済む。このような人材を SC として学校に配置することにより，画期的に保護者との面談が増え，子どもを援助するために，保護者と学校が協力体制をとることが可能になってきた。

　もちろん，学校内では心理療法そのものがやりにくいのと同じように，家族療法も実施しやすい状況ではない。しかし，保護者の状態を見立てる，家族力動を見立てるという点で，家族心理学の知見が貢献できるし，SC の力量も発揮されることとなる。

　さらに，子どもの保護者，家族自体が未成熟で，子どもが育っていく器になりにくい場合に，子どもは無意識に学校教職員を，父親代わり，母親代わり，きょうだい代わりに見立てることもある。その場合に，その関係性と構造について SC がしっかりと見立て，教職員にその役割を担ってもらうことによって，疑似家族的なシステムが一時的にでき，子

どもが成長するよりどころとなることもある。

　SSW は，社会福祉的な立場から，子どもを取り巻く関係者を招集して，学校内外の連携をとっていく役割を果たしたり，学校や家庭を取り巻く社会資源をうまく活用したりして，子どもの援助を行い，子ども一人一人の成長発達に寄与することができる。

　具体的な職務内容としては，家庭訪問等による保護者支援，学校外の他の治療援助機関との連携，学校と家庭の関係の整理などを行って，家庭，保護者がその子どもの発達を理解し，発達に寄与するように援助できる。また，保護者が子どもを養育できない状態についても見極め，保護者，子ども双方に社会資源を利用できるよう援助することもできる。

　これまで，学校の教職員だけではやりにくかった保護者と担任の連携や，子ども本人のみならず，保護者を支援していく体制を，SC，SSWなど，教員とは違った専門性を持つ職種を学校教育に迎えることで，チーム学校というあり方を明確に実践することが可能になってきている。

　以上の議論を土台に，以下には学校領域における家族心理学の貢献の可能性について述べたい。

3　SC・SSW の，家族支援の事例（文部科学省事例集から）

　文部科学省が，都道府県政令指定都市の教育委員会を通じて収集した実践事例（文部科学省，2018：2019）から，家族支援に関するものを示し，若干のコメントをつける。

【スクールカウンセラーの事例】—発達障害のための活用事例
［概要］
　A男は中学校入学当初から授業への参加にむらがあり，授業中でも好きな絵をかいたり，折り紙を折ったりという行動が見られた。小学校でも同様の傾向は見られたようだが，中学に入ってさらに強くなってきていた。2年生の5月，しばしば学校を休むようになり，家庭での対応について，母親自身も対応に苦慮するようになってきたので，SCとの面

接を開始した。

[経過・対応等]

　SC との保護者面接の中では，「ちょっと変わっているだけ」という母親の見方をくみつつ，実際に起こっている問題について具体的に考えていくという姿勢を取った。その中で，その行動にどのような背景があるか，考えられる本人の気持ちや反応，その特徴などを話していった。

　母親と SC は月に1度のペースで面接していくことになった。また，本人とも6月に面接を行った。本人は継続面接を希望しなかったが，その後約2年間で2度，面接を行った。学年主任，担任，部活の顧問，特別支援教育コーディネーター，SC で支援会議を開き，対応の指針を検討した。

　SC は保護者との3回目の面接で，総合的に対応を考えるために，医療機関受診を勧めたところ，クリニックに通うようになった。「自閉スペクトラム症」の診断を受け，服薬もするようになった。（中略）

[結果]

　家庭では，ゲームに対する時間制限や，学習への取り組みも課題であったが，やり方を工夫しつつも，「本人のできる範囲で」ということを基本に据えるようになっていった。3年生の後半になると，大きなトラブルはほとんど無く，学校を休むことも少なくなってきた。休むことはあっても，本人の努力を認め，「本人にとって必要な休養である」と周囲が認識できるようになり，続けて休むことはなくなっていった。保護者面接も，卒業とともに終結している。

　SC の見立ての力を生かし，学校システムの中で支援会議を持つとともに，保護者に働きかけて医療機関の受診の同意を得，診断に伴って，家庭学校での関わりを構築していくとともに，学校と家庭の関係を改善していった例と言える。

【スクールソーシャルワーカーの事例】

―虐待を受けている疑いのある児童を支援するための活用事例

(1)　本人及び家庭の状況

・父親は病気による入退院を繰り返しており，職には就いていない。

・母親は，夫（父親）に対して暴力を振るうことがある。

・母親は，夜間に当該児童を連れ回したり，夕食を与えないことがあったりするなど，養育態度に問題が見られる。

・当該児童は，情緒が安定せず，暴れて物を蹴飛ばしたり，自傷行為を行ったりしている様子が見られる。

(2)　SSW の活用と関係機関との連携

・SSW は母親との面談を実施し，必要に応じて助言をするとともに，学校や子育て支援課等と連携して母親への継続的な支援を行った。

〈各機関のかかわり〉

・SSW は，各関係機関や児童相談所と連携を図り，ケース会議を実施し，支援策の検討を行った。

・子育て支援課は，SSW や学校，学童保育からの情報提供を受け，児童相談所と連携しながら母親への支援を行った。

・児童相談所は，関係機関からの情報をもとに，当該児童の状況と母親の養育態度を継続的に観察し，必要に応じて母親に直接的な指導助言を行った。

(3)　当該児童の変容

・当該児童は，教員等による継続的な声かけや励ましなどにより，情緒が安定するようになった。

・母親が適切な子育てを行うための方策の提示や，母親が抱える悩みへの相談を充実し，当該児童の家庭環境の一層の改善を図る必要がある。

　母親と学校関係者からの情報収集と母親への助言，校内の支援会議に基づく学校内外の資源の活用などを行い，家庭環境の改善を図っていった事例である。

上記の２事例のみならず，SC の導入は学校教育に子どもと保護者，家族関係についての心理学的な理解と支援をもたらし，SSW は家庭や学校と社会資源とをつなげ子どもが発達できる環境整備に貢献したのである。現在，多くの実践事例が集積されるようになっており，その延長上に研究成果が出てくることが期待できる。

4　学校における家族支援の研究の動向

　SC はその活動が始まって25年となり，初年度から行われてきた学校臨床心理士全国研修会をはじめとして，さまざまな研修・研究が行われてきた。しかしながら，保護者支援，家族支援に限っての研究論文を見ると，それほど多くはない。むしろ，保護者面接等は，SC から見ると当たり前の業務であるので，ことあらためて，論文にする必要も感じていないのかもしれない。

　千原（2008）の，学校からの報告書を分析した論文にも，保護者面接が有効であったとの回答が52.6％の学校から挙がっている。

　少し違った視点からは，磯邉（2017）の学校臨床の見立てに関する論文の中で，「子どもにとって家庭はきわめて重要な環境の一つである。どの家庭で暮らすかを子どもが選ぶことは困難で，子どもは与えられた家庭環境の影響を強く受ける。その結果，子どもがその家庭や家族の問題を代弁する形で問題行動や症状を呈することがある。いっぽう環境としての家庭や家族が発達促進的に変わることで子どもの自己治癒力がよりよく発現し，驚異的な回復を遂げることもある。そのためにも家庭の『みたて』を丁寧に行いたい」と述べているように，子どもを取り巻く環境のうちで最も身近な家庭について，正確に見立てをすることの重要性を指摘しておきたい。家庭だけでなく，保護者自身のパーソナリティや情緒的発達段階等も，しっかり見ていく必要があろう。

　亀口ら（1998）は，学校と家庭という大きく隔たりのあるシステムの間の協同関係の難しさを説くとともに，両方に関係している母性原理を中心とするあり方に注目し，父性をどう取り入れていくかについても検

討する必要があると述べている。

　家族支援に関しては，発達障害の問題や，不登校の問題など，子ども
に寄り添うだけでは解決しにくかったり，子どもに直接アプローチしに
くかったりする問題に関して，どのようにかかわっていくかのテーマを
とらえたものが多い。

　辻井は2009年から2013年にかけて，『子どもの心と学校臨床』という
雑誌に連続で「発達障害のある子どもたちの家庭と学校」というタイト
ルで論考を載せている。これはのちに成書となっている（辻井，2013）。

　不登校に関しては，事例検討の中で，家庭訪問や，家庭と学校との橋
渡しを行った事例等が散見されるが，まとまったものはあまりない。

　スクールカウンセリングの事例については，先に引用した，文部科学
省SC実践活動事例集に各都道府県政令指定都市の事例があり，その中
にも，保護者への援助を行った事例等が見られる。

　SSWに関しての研究は，まだその数が少なく，家族支援に関する実
際のかかわりが明記されたものはあまりない。

　以上，研究について述べてきたが，学校臨床にかかわる臨床家は実践
家であり，現場における実践や研修はいろいろ受けているが，家族支援
という立場に立脚した研究をまとめることは，あまりしていないように
思われる。今後，家族心理学の専門家や，システム論の専門家，社会福
祉領域の研究者などが現場での実践家と協力しながら，この領域の知見
をまとめていく努力が必要であろう。

　さらに，制度変更に伴う心理業務への影響も指摘されよう。一例を挙
げれば，虐待通告が義務化されたが，学校現場ではこうした動きへの関
心が薄く，特に年配の幹部教員，管理職の抵抗が強い。虐待に気づいた
学校が通告するかしないかはのちの経過に大きく影響することになるだ
けに，こうした制度変更について臨床家が自覚すると同時に，周囲に知
らせていくことも重要になってくると考える。

5　コミュニティでの事例検討会，スーパービジョン

　家族にかかわる臨床実践に携わっている臨床家，具体的にはSC，児童心理司，教育相談員などの事例検討にかかわる個人スーパービジョン，グループスーパービジョン，事例検討研修会などで見聞きする家族像については，①人格発達の不全，②希薄な家族関係，③対人関係が不成立，などの特徴が指摘されるようになった。①については家族成員のほとんどが暦年齢の発達段階に到達していない事例が多く見られる。両親ともにアイデンティティ形成以前の発達段階にとどまっている。具体的な証言としては，子どもの問題について親に「問題意識がない」，「困り感がない」，子どもの窮状について「感情が動かない」ので，周囲の関係者のほうが「困ってしまう」というようなことを多く聞くようになった。また，IPはというと，自分の問題についての「自覚がなく」，「症状形成もできていない」ことが多い。ウェクスラー検査で能力的なアンバランスが指摘され，発達障害として療育機関にリファーされるが，親子ともに「病識がない」場合も多く，治療相談にはつながらないことも多い。当然，神経症を対象とする心理療法契約にはのれない。こうした「発達障害」について，教師は「気持ちが見えてこない」，「どうしたいのかが見えない」「芯がない」「指導にのらない」「一昔前の中学生のような手ごたえが全くない」などと言う。こうした自我がなく，人格の発達不全のクライエントについて，1980年に近藤章久は「自我育ての心理療法を行う」と述べていて，河合（2010）は，肉体は出生したが主体性も感情も生まれていない「主体性のなさ」の状態であるとして「発達障害の心理療法」が必要という。前者は第二次大戦の敗戦後の精神的荒廃の中で生まれた者たちの生きづらさの病理として，後者は現代的な心の不在の中で起きた心育ての歪みとも言えよう。いずれにしろ，家族心理学のさらなる発展と深化が，さらには社会的貢献が望まれることになろう。

おわりに

　学校教育の中で働く心理臨床家は，薬や入院病棟，診察室で患者を科学的に観察し，治療するのではない。相談治療関係という対人関係の中で児童生徒の人格的発達を促進したり，保護者との相談関係の中で保護者の子どもとの接し方をともに模索したり，教師の教育的・指導的な子どもとの専門的かかわりを支援したりする臨床心理業務に従事している。そうした職務の特質から見て，家族や学校という集団の中で起きている関係性を解き明かす家族心理学の研究は必須になる。

　本稿では，家族を取り巻く急激な社会変動が家族，学校に与えた影響とそれによる心理臨床機能全般へのニーズの高まりについて指摘した。新しい現代的な課題として，いじめ，虐待，ハラスメントなどの人権侵害にかかわるもの，災害時支援，緊急支援，犯罪被害など多岐にわたる。このニーズの高まりに呼応して法律や制度の改正も相次ぎ，心理臨床業務は以前とは異なる社会的枠組みの中で行われることになった。

　また，国民的なニーズは国による新たな行政施策である公立学校へのSC にもつながり，全国民の眼前に心理職が存在することになった。しかし，あまりにも急激な変化であったために，現在は，実態調査や実践報告を積み上げることが主になり，学問的研究は緒に就いたというところである。時代の流れに最も鋭敏なのは現場で行われる事例検討であるが，その中では，対人関係や人格構造の，また家族関係の不全，未熟化が指摘され，従来型の個人面接のみでは対処困難なケースのあることが指摘されてきた。これも家族心理学に期待する声が高まる流れになると言えよう。

　学校臨床における家族支援についてはその社会的位置づけが大きく変わり，報告・調査により研究のヒントが見えてきつつあり，今後の研究が大きく期待できると言えよう。

文　献

千原美重子　2008　学校教育における心の問題への対応（Ⅲ）—学校臨床心理士の活動に対する学校における効果的活動の分析．奈良大学総合研究所所

報，16，29-39.

舩越知行　2016　心理職による地域コンサルテーションとアウトリーチの実践─コミュニティと共に生きる．金子書房.

磯邉　聡　2017　学校臨床における「みたて」．千葉大学教育学部研究紀要，65，21-30.

亀口憲治・堀田香織　1998　学校と家族の連携を促進するスクール・カウンセリングの開発Ⅰ─理論的枠組みを中心に．東京大学大学院教育学研究科紀要，38，451-465.

亀口憲治・鵜養美昭・中釜洋子ほか　2001　座談会「学校心理臨床の現状と課題（学校心理臨床の課題と支援）」．現代のエスプリ，407，5-39．至文堂.

菅野陽子　2012　学校における家族支援─不登校生徒の保護者のための茶話会．浦和論叢，47，1-12.

河合俊雄(編)　2010　発達障害への心理療法的アプローチ．創元社.

文部科学省　2018　スクールソーシャルワーカー実践活動事例集.
https://www.mext.go.jp/a_menu/shotou/seitoshidou/1312714.htm

文部科学省　2019　スクールカウンセラー実践活動事例集.
https://www.mext.go.jp/a_menu/shotou/seitoshidou/1372335.htm

野末武義・内田利広・鳥井敬子ほか　2019　『心の教育』を考える─家族の理解とその支援（特集Ⅰ：第21回リカレント教育講座シンポジウム抄録）．京都大学大学院教育学研究科附属臨床教育実践研究センター紀要，22，4-32.

小倉正義　2007　学校と家庭の連携に関する研究の動向．名古屋大学大学院教育発達科学研究科紀要　心理発達科学，54，41-48.

辻井正次　2013　発達障害のある子どもたちの家庭と学校．遠見書房.

教育現場と政策のはざまを生きる

畠中宗一

はじめに

　本稿は，教育という場をめぐる個と家族を支える支援に関する今日的課題が焦点化される総論において，教育現場と政策のはざまを生きることに焦点を当てる。教育現場と政策を並列した場合，教育実践あるいは教育臨床と政策はどのような関係にあるのか。一般に政策は，政策主体の意図を反映する。例えば，いじめ問題に対して「いじめ防止対策推進法」（平成25年）は，いじめ問題の深刻化を背景に国，地方公共団体・学校・親の責任を明確化したものである。

　他方，学校教育の現場では，正しい答えを導くことに焦点が置かれる。大学においても評価に過敏な学生が多い。これは，曖昧さへの不寛容と言い換えてもよいが，世界が正誤によって二分割できるという前提に立っているようだ。この結果，問いを立てる力は，相対的に低下している。各種の国家試験は，過去問を通して問題の形式と内容を学ぶことで対応する。

　このような思考様式が，初等教育・中等教育・高等教育まで続けられる。偏差値や点数に支配された世界で生きてきた子どもたちは，いじめ問題の多発化とも相俟って，自己の行動に慎重である。すなわち，自己の発言や行動に対する他者の反応に過敏である。これは，自分がいじめ

のターゲットにされることを回避する自己保存欲求の現れでもある。われわれの世代から見ると，彼らは，反応が見えにくい存在である。一生懸命に語りかけているにもかかわらず，その表情にはほとんど変化がない。話が伝わったのかどうかを判断できない。生きた授業であれば，相手の反応を見ることで，こちらの話が伝わったかどうかが推測できる。この反応がないため，分かったかどうかを確認できないままに授業を進める。ただし，コメント文を書かすと，それなりの意見は書かれている。したがって，一方通行ではなく，双方向の授業を展開しようと思っても，相手の反応がポーカーフェイスであれば，それは成立しない。ドイツ語で教育（Erziehung）とは，引き出すこと（erziehen）である。相手の持っている能力や才能を引き出すためには，相手の立ち位置に寄り添うことが出発点となる。これは，引き出すための関係づくりと言ってもよい。この枠組みを設定することなしに，知識を伝えるという行為だけでは教育ではない。本稿では，教育と政策というテーマを軸に，第一に，子どもたちの現在を，第二に，教育現場への教育政策の影響について，第三に，子どもたちと教員の自由度を確保する政策への転換について，論じる。第四に，生きる力との関連で，そして第五に，AI化との関連で，それぞれ言及する。

1　子どもたちの現在

　子どもたちの学力に関する国際比較を概観すると，日本の子どもたちは，総じてよく学んでいることがわかる（広田，2019）。これは，教育現場における教員の努力の賜物である。しかし，学力の優秀さとは裏腹に，教育現場では，多くの課題を抱える子どもたちが存在することも事実である。したがって，どこに光を当てるかで子どもたちの現在は，肯定的にも否定的にも描くことができる。家族心理学は，ライフステージごとに出現する家族課題にシステム論により対処するという枠組みを持っている。教育現場で出現する不登校やいじめに対して，学校は対応を迫られる。とりわけ，いじめの拡散は，子どもたちのあり方に深く影

を落としている。それは，自分がいじめのターゲットにされないための生き残り戦略と言ってもよい。なるべく目立たないように振る舞うというのも一つの戦略である。自己の振る舞いが周囲からどのように見られているかに過敏な反応を示す。このようなあり方は，決して自由ではないが，自らを守るための自己保存欲求による対処である。このあり方は，ナチズムが台頭した社会において，反ナチズムの人々は，ナチズムの人々に強い警戒心を持って対処していたことと類似している。いつ自分が，ナチズムの人々によって密告され処刑されるかを畏れる心理である（深緑，2018）。いじめとナチズムを対比することは，適切ではないかもしれないが，構造的に類似していることは事実である。学校におけるいじめの広がりと深化が，子どもたちにそのような振る舞いを常態化させているのである。大学生の無反応な表情も，いじめの世界を経験してきた残滓のように想像される。あるいは当時の振る舞いが身体化されている。彼らは，仲の良い友人関係以外の場では，そのような振る舞い方が当たり前になっているようだ。

　コナリミサトのコミック『凪のお暇』も，空気を読むことがキーワードになった作品である（コナリミサト，2017；2018；2019）。主人公は，空気を読みすぎて体調を壊し，仕事を辞め，新たな生き方に挑戦していくストーリーである。空気を読んで対応する生き方は，自分らしさを喪失することと裏表の関係にある。ここには，いじめを直接的・間接的に経験した世代に特有な振る舞い方が凝縮されている。加えて，吉川が指摘した規範押し込み型や欲求先取り型の育児によって，葛藤する機会を奪われた子どもたちは，葛藤場面に弱く，葛藤回避傾向が見られる（吉川，2001）。これは，引きこもりに見られる。いじめや引きこもりは，今日の代表的な家族問題であり，教育問題である。先の空気を読むことを手掛かりにすると，空気を読んで対処する振る舞いには，自分らしさが喪失していると記述したが，そのように振る舞うことで葛藤をも回避している。

　ところで，対人関係は，「あいだ」と「つながり」によって構成されている。「あいだ」とは，違いであり，個として自立していることに等

しい。「つながり」は，違いを認めたうえで，他者とつながることを意味する。この「あいだ」と「つながり」のバランスが重要であるが，以上の記述で触れたいじめや引きこもりは，そのバランスが維持されていない。すなわち，いじめを経験した世代に特徴的な表情のない対応は，自己保存欲求に基づき，貝のような振る舞い方である。したがって，「あいだ」はあるが，「つながり」はないように思える。引きこもりは，葛藤を回避することで，「つながり」も回避する。このように，いじめという経験，育児のあり方等によって，バランスの悪い対人関係となっている。

2　教育現場への教育政策の影響

　いじめや不登校に代表される教育現場は，改革の名のもとに次々と打ち出される教育政策によって，疲弊している。疲弊の背景には，新たな政策を展開するための予算も人員も保証されない環境で，改革が行われることが関係している（広田，2019）。現場は，政策に翻弄されている。まして政権が変化すると，政策の一貫性が維持されない状況が出現する。とりわけ，政治の舞台では，素人の分かりやすい発言によって，問題が単純化され，本質的な理解とは程遠いメッセージが数多く見られる。教育や福祉の領域は，経済的効果が可視化されにくい。また文部科学省は，財務省の財政の論理に対応する有効な手立てを持ち合わせていない。このような文脈で，改革が進行することは，現場の疲弊をさらに重篤化する。

　私は，これまで公立大学に身を置いてきたが，2000年以降，自己評価，外部評価，法人化，統合問題と改革の渦中を経験してきた。現在，私立大学に所属しているが，私学助成を獲得するために，多くのアリバイづくりが行われ，教員は疲弊している。要するに，政策に対して，肯定的に対応すれば，補助金をもらえるというやり方で，私立大学は，文部科学省の政策にコントロールされている。私立大学にとって，個々の政策に違和感を持ったとしても，補助金欲しさに仕方なく対応する。このよ

うなあり方に身を置く教員は，次第に政策に対する感覚を鈍化させていく。外部評価を受けるために準備する作業量は，膨大である。政策は，あらゆることを可視化させる方向に向かっているが，そのための作業量も膨大である。われわれは，研究・教育・社会貢献・管理運営という業務に従事することを期待されているが，外部評価の資料作りは，これらのカテゴリーと性質を異にする。外部資金を獲得するために，研究計画調書を作成することも楽ではないが，それは研究を進展させるために必要な作業である。また若手研究者の採用は，ほとんどが任期制である。3年任期の場合，就職と同時に，次の就職を考えなければいけない。このような環境で，研究に集中することができるとは思えない。

　またすぐに結果が出る研究が求められる傾向も見られる。これは，基礎研究より応用研究が重視される傾向を意味する。基礎研究は，時間がかかることや結果が保障されるものばかりではないため，軽視される。ノーベル賞受賞者の中には，基礎研究の軽視が将来のノーベル賞候補者が少なくすることを危惧し，基礎研究の重要性を訴えている人も少なからず存在する。基礎研究を重視することで，大学の存在意義があると考える者にとって，とりわけ文系の専門学校化は，大学の役割放棄のように思えてならない。例えば，国家試験の合格率で受験生を獲得する傾向など。合格率を上げるために，過去問を解くという受験生さながらの風景は，問いを立てる力の育成とは，交わることがない。即戦力という経済界からの要請に，大学が応えるという構図にも，経済界や産業界の考えが，政策に反映した結果である。大学の独自性は，多くの大学で消失したかのように思える。

3　子どもたちと教師・教員の自由度を確保する政策への転換

　急激な社会変動は，われわれのあり方に多様な影響を与えている。子どもたちの関心は，「ころがスイッチドラえもんジャンプキット」などのゲームにある。これは，6,500円前後の商品であるが，決して安いとは言えない。したがって，家庭の経済状況で，買える・買えないが規定

される。買える子どもと買えない子どもが出てくる。これによって，友だち関係も変化することが想像される。買えない子どもが，買える子どもをいじめるという構図もないわけではない。

　子どもは，その置かれた状況を受け止めなければならないが，それは決して容易な課題ではない。与えられた環境を乗り越えていく力には，個人差がある。家庭の経済状況によって，進学を諦めることは，これまでにも見られた。この状況に，学びたいという強い意志があれば，道が開ける可能性はある。本人にそのような開拓者的メンタリティが存在するかどうかである。このような状況で，子どもにどのようなかかわりができるか，親も教師も問われている。最近の学生の中には，親が行けと言ったから，と他人事のように言う学生がいるが，そのような学生に限って，学習意欲は低い。親の思いと子どもの思いにズレがあるにもかかわらず，子どもが親に押し切られて進学し，子どもは自分の関心と異なる授業に，学習意欲が低下し，退学に至るというケースも少なからず見られる。子どもに大学ぐらい行かせたいという親の思いに対して，子どもは，いったんは親の思いを受け止めるが，現実の大学生活で関心が持てなければ，意欲が低下していく。子どもの現実に，親がどのように向き合うかが問われている。

　また教育の現場では，学習指導要領に基づく授業が展開される。これは，子どもの関心というより教える側の関心である。子どもに関心があろうとなかろうと，決められた内容を教授していく。もちろん，関心のない子どもであっても，関心を持てるように授業を展開するのが，教師の力量と言われることもある。しかし，これには，限界があるのではなかろうか。関心がなくても学ぶことの積み重ねによって，学力の水準は担保されていると言われる。しかし，学ぶことの楽しさを知らずに，学力の水準が担保されていると言われても，しっくりこない。子どもは，学ぶことの楽しさを知らないために，他のことで代替しているのではないか。

　また教師は，授業の準備，中間試験，期末試験，実力テスト等の問題作成と採点，クラブ活動の顧問，研修等の多忙さに加えて，文部科学省

の様々な改革が降りてくるため，物理的・精神的余裕がない。予算も人も増えないなかで新たな課題に対応する現場は，精神疾患などメンタルヘルス不全の教師が多発化している。

　ストレスフルな状況は，教師も子どもも同様である。子どもたちと教師・教員の自由度を確保する政策への転換が必要である。かつて馬場は，バブル期の日本社会を背景に，「過剰効率社会日本の労働」という論文を発表した（馬場，1988）。馬場に倣えば，バブル期の日本社会は，過剰商品化社会，過剰富裕社会，過剰効率社会という概念で記述された。これらのうち，過剰効率社会は，ムダやユトリがあって社会であるという認識から，ムダやユトリを徹底的に排除し締め上げていく社会と記述された。そこでは，ぎすぎすした神経質な人間関係が展開される。バブル経済は崩壊したが，利便性・効率性を重視する社会システムのあり様は，以前と同様である。加えて富裕化が私事化を促したことで，関心が自己に向いた人々が量産された。関心が自己に向くこととムダやユトリの部分を締め上げていくことの相乗効果として，さらには社会的圧力としての政策が展開されることで，子どもたちや教師・教員の自由度は，限りなく小さくなった。そこでは，同僚性といった人間関係も機能せず，教育の場は，子どもたちにとっても，教師・教員にとっても居場所を構成することがない。せめて同僚性でも担保される環境であれば，愚痴や不満を言いながらでも，メンタルヘルスは維持される可能性がある。それが維持されない現実は，教育の場が，壊れ始めていると表現することもできよう。自由度は，同僚性を取り戻すことでも可能かもしれないが，抜本的には，子どもたちや教師・教員の主体性を取り戻すことがより重要であろう。

4　生きる力との関連で

　教育現場における子どもたちや教師・教員の現状は，いじめや不登校に代表されるように，決して快適な空間ではない。子どもたちの多くは，いじめの対象にならないように，すなわち，目立たないように振る舞う

ことが身体化されている。またいじめの対象となった子どもたちは，不登校になる可能性が高い。教師・教員は，人員や予算が増えない中で，課題が次々に出現し，過重労働を強いられ，メンタルヘルス不全に至るものも少なくない。

　このような状況は，子どもたちにとっても教師・教員にとっても快適とは言えない。このような状況を改善していくためには，上述した自由度の確保を最優先にすべきではないか。自由度が少ない職場は，過剰効率社会という文脈でも起こるが，個人の主体性を発揮する自由度が少ないことは，管理が行き届き過ぎた不自由な環境でもある。いずれの場合も，関心は自己に向き，自己保存欲求が高くなり，同僚性への志向は，希薄になる。

　教育現場がこのような状況にあって，政策として生きる力を提案しても，説得力がない。生きる力という政策は，身動きの取れない不自由な状況に置かれた子どもたちと教師・教員とは無関係に展開されているように想像される。教師が生きる力を取り戻し，子どもたちに生きる力を問いかけるのなら意味がある。

　生きる力を政策として展開することは，それがより具体化されなければならない。政策の意図とは独立させ，私は，生きる力を，関係性を生きる力と言い換えたい。関係性を生きるとは，他者を存在として受容し，自己の思いも伝えることができることである。これが，相互性の中で展開される現象である。したがって，他者を受容するだけでも，また自己の思いを伝えるだけでも，関係性を生きるとは言えない。このような関係性を生きる力を育てることが，教育現場の重要な課題として構成されなければならない。

　このことは，これまでの政策が環境条件の改善に軸足をおいていたことに比べると，環境条件の改善＋主体の側への働きかけを付加することで，政策効果を高めることにつながる。しかし，このことは，決して容易な課題ではない。関係性を生きる力の低下は，これまでの社会のあり方によってもたらされている。関係性を生きる力の低下は，長い時間軸のなかでもたらされたと表現してもよい。じっくり腰を据えて，10年計

画，20年計画の単位で取り組むべき課題である。

5 AI化との関連で

　フロム（Fromm, E.）は，半世紀以上前に，人間の社会の機械化やロボット化について論じている。それは，どちらかというと，悲観的なものである。テクノロジーとロボットによって快適な環境を志向する社会において，人間の主体性は，後退しているのではないか。人間が人間になるという理念は，関係的存在に気づき，それを生きることであるが，テクノロジー優先社会は，これと真逆に突き進んでいる。テクノロジー優先社会は，人々の関係を希薄化させ，ナルシズムと自己防衛への構えを強化している。フロムは，以下のように記述する。すなわち，「十九世紀においては神が死んだことが問題だったが，二十世紀では人間が死んだことが問題なのだ。十九世紀において非人間的なことは残忍という意味だった。二十世紀では，それは精神分裂病的な自己疎外を意味する。人間が奴隷になることが，過去の危険だった。未来の危機は，人間がロボットとなるかもしれないことである。たしかにロボットは反逆しない。かれらは『ゴーレム』になり，無意味な生活の退屈さに耐えられなくなって，かれらの世界を破壊し，自分自身も破壊することになるだろう」（Fromm, 1955）。

　現在，われわれの環境は，IT機器抜きには考えられなくなってきているが，このこと自体，IT機器を利用する主体でありながら，われわれはIT機器依存の状況にあり，IT機器に支配されていると言っても過言ではない。IT機器に依存するわれわれは，IT機器に支配されるロボットのようである。私自身，IT環境に長時間身を置き，様々な作業を続けているとき，機械の一部あるいはロボットになりつつある自己を感じることがある。

　フロムのメッセージは，二十一世紀の現在，どのように表現されるのであろうか。AI化が自明な社会において，われわれは，教育をどのように位置づければ良いのであろうか。私の研究室の30代半ばの院生は，

博論を書くことは大人になることと表現したが，この表現に私は戸惑った。これまでの人生は，旨くいったこともあって，論文を執筆することも要領だと考えている節がある。IC レコーダーをテーブルに置き，自らはパソコンに入力しながら，私とのやり取りに対応する。私が話したことが，次の段階でまとめられてくる。指摘を受けると，そのことで私に質問し，上記のやり方で対応する。ある場面では，論文のストーリーができましたということで，話し始めたが，私にはなかなかすんなりと理解できるものではなかった。他の教員がコメントしたことに，右往左往する。要するに，核がないのである。教員は，自己の守備範囲から多様なコメントをする。核のない自己では，コメントに振り回されることになる。博論を創り上げる作業は，他者に認められるかどうかに関係なく，自己の論理で一本筋を通すことである。教員のコメントに違和感があれば，下手な妥協はせず，きちんと自己の論理を展開することが重要である。この論理性が，欠落すれば，他者の理解を得ることは難しい。この院生が，ことがらときちんと向き合うことなくやってこれたことを，幸運と呼ぶべきかどうかは意見が分かれることかもしれない。しかし，ことがらや課題ときちんと向き合うことがなければ，博論の完成は難しいかもしれない。その意味では，この院生は，大人になれないかもしれない。この院生に象徴されるような若い世代に教育していくことは，われわれの世代の論理が通用しない。確かに IT 機器を使いこなすことにはたけているのだが，それが機械的に作り出されたものであれば，思い入れのようなものを感じることも少ない。われわれが，文学作品の中に，著者の言葉を紡ぎ出す力のようなものを感じることがあるが，学術論文でも同様なものを感じることがある。これは，私の幻想かもしれないが，コピペが日常的に行われる世界では，自己と他者の境界が曖昧化されるのではないか。これが，研究倫理に対する感覚を鈍化させてきている。

　このように考えると，教育現場と政策のはざまを生きることは，一方で，IT 機器を活用しつつ，他方でフロムのメッセージにきちんと向き合い，人間の崩壊をきたさないような政策によって，人間の感性及び身体を維持していくことが重要な課題になるのではないか。

参考・引用文献

馬場宏二　1988　過剰効率社会日本の労働. 思想の科学, 11月号. 思想の科
　学社.

Fromm, E.　1955　*The Sane Society*. Rinehart & Company : New York［加藤
　正明・佐瀬隆夫(訳)　1958　正気の社会. 社会思想社.］

深緑野分　2018　ベルリンは晴れているか. 筑摩書房.

広田照幸　2019　教育改革のやめ方―考える教師, 頼れる行政のための視点.
　岩波書店.

吉川武彦　2001　「引きこもり」を考える―子育て論の視点から. NHK ブッ
　クス.

コナリミサト　2017；2018；2019　凪のお暇, 第 1 巻〜第 6 巻. 秋田書店.

幼稚園，保育園における子どもと家族の支援

家族面接のスキルをコンサルテーションに活用する

駒場優子

はじめに

　筆者は公立，私立の幼稚園や保育園において，子どもの保育に関わる教職員向けのコンサルテーションを行っている。幼稚園，保育園の支援では，たいていの場合「心配な子」や「気になる子」について，子に関わる保護者や教職員に「どのような場面で苦労があるのか，困っているのか」を聞き取り，そして「どのように関わるのか」という助言を行う。つまり，心理的な支援の対象は大人であることが多い。

　集団生活を送る当該児の様子，クラスや集団内で置かれている状況，発達の状態，家庭的な背景，性格特徴などの子ども側の要素を細かく看とり，起きていることの仮説を教職員へ伝えていくことは必要である。しかしそれ以上に，子どもに関わる大人が抱える生活上の「上手くいかなさ」を中心にして，その子どもと大人の関係性の調整を行うことに力点を置くことが，大変重要であると考えるようになった。お互い思いはあるのに上手くいかない「せつない二者」をどのようにつなげるのか，という仕事である。

　このように考えるようになったのは，筆者が過去に引きこもり支援を家族面接を中心にして行っていた経験に関連しているように思う。引きこもりの状況にある子ども（青年期以降の年齢であったが）に対して，

どのように関わっていけば良いのかと，悩んでいる沢山の保護者にお会いした。実際引きこもりの状態にある子には，メンタルフレンドが派遣され，子どもとの関係を作る中で沢山の情報が家族支援を行うチームに与えられていた。どの親も，子どもも，「このままで良い」とは思っていない，だがそのための一手が打てない「せつない二者」であった。ここでは面接や家族支援の詳細については触れないが，メンタルフレンドが家庭訪問を続け，保護者の家族面接を繰り返し，多くの家族に解決が訪れた。印象的であったのは初めの訴えであった「引きこもり」の状況が完全に解消されずとも，関係性が変化し，状況を前向きに捉えられるように変わっていく家族を多数目撃したことであった。

　本稿では，幼稚園，保育園において，どのようにコンサルテーションを持つことがより現場の大人と子どもとの関係性の改善に有効な支援になり得るのか，ということを事例を紹介しながらまとめていきたい。

コンサルテーション

1）幼稚園，保育園の担任職員向け

　ここでは，子どもに直接関わることの多い担任の先生方とのコンサルテーション事例を紹介し，どのような視点で問題について見ていくのか，コンサルティへの情報提供の工夫などについて考えたい。なお全ての事例は個人が特定されないよう加筆している。

事例「グズグズが止められないAちゃん」

　ほくと保育園の3歳クラスのAちゃんが，自分の思ったようにならないとグズグズし始め，気持ちの切りかえができないということで，対応のコンサルテーションを依頼された。

▶1回目の観察

　観察のためお部屋に入ると，Aちゃんはアキ先生のお膝に座り，抱っこされるような姿勢でいた。先生が何かして遊ぼうか，と提案しても「やらない」と言って，ただくっついていたいようであった。そのように1時間弱過ごした後に，職員の当番などの都合で，クラスからアキ先

生は抜けて，もう1人の担任であるナツ先生だけになった。アキ先生が「お当番で，行かなければいけないの，ごめんね。また，お昼寝の後に一緒に遊ぼうね」とＡちゃんに伝えると，Ａちゃんは大きな声で泣き出し，アキ先生を引っ張って，床に座り込んで嫌がっていた。しばらくはアキ先生がなだめていたが，そこにナツ先生が来て「さびしいよね，いやだね。よく，ガマンしている」と声をかけると，泣いてはいたが引っ張る手を離した。そして，アキ先生はクラスを出ていったが，代わりにナツ先生が「朝，やっていた折り紙の続きやろうか。新しいのもやってみる？」と遊びに誘うと，Ａちゃんはナツ先生についていき，折り紙を選び始めた。

▶1回目のコンサルテーション概要

・「思うようにならないと，グズグズして切り替えられない」傾向は確かにあるが，関わる担任が変わると，グズグズする時間は短くなるのではないか（グズグズが長引かなかった，という例外を探すと，本人がグズグズしている場面で対応する大人が変わるとマシであった，というエピソードが数件挙がった）。

・対応する大人を換えるという介入に加えて，「本児に投げかけるメッセージ」も変えると，Ａちゃんにとっては切り替えやすくなるのではないか。今，まさに視界に入っているその刺激に反応し続けてしまい，結果「グズグズが長引く」状態に陥っているように見受けられたため，このように伝え，説明を行った。

　「Ａちゃんはおそらく『紙芝居タイプ』の子どもで，画面をこちらから変えてあげないと次に行けないのではないか。本人が今，見ている画面を変えるには，登場人物が変わったり，声かけのメッセージを変えたりすることが効果的かもしれません」と，担任の先生方に話した。

▶2回目の観察

　今回はクラスに入れてもらうと，またＡちゃんはアキ先生と一緒にいた。遊ぶというより先生と一緒に動いている時間が多かった。一方，園庭に出て遊ぶことになると，今度はクラスのお友だちと一緒に表情もよく，活発に遊ぶ姿があった。お昼の時間になったので，ナツ先生が遊び

の時間の終わりを告げると，他の子どもたちはお部屋に戻っていった。
ところが，Ａちゃんは最後の１人になってもお部屋に入らず，アキ先生
を引っ張って，「まだ終わりたくない」とグズグズ言い始めていた。ア
キ先生は「もっと遊びたかったね」とＡちゃんの気持ちを汲んだり，
「お腹が空いたのね，早く入ろう」などと声をかけて，Ａちゃんの気持
ちをなだめようとしていた。しかし，Ａちゃんは「お腹は空いてない」
と先生の声かけに応じながら，保育室前の外ポーチに倒れこんだり，さ
らにアキ先生の上着を強く引っ張ったりした。

　すでにお部屋にいたナツ先生が，外に顔を出して初めにアキ先生と目
を合わせると，アキ先生がパッとその場を離れた。Ａちゃんは大きな声
で泣いたが，ナツ先生が淡々とした口調で「ご飯が，冷めます」と伝え
ると，泣くのをやめて，さらにナツ先生が「お着替えは，自分でやれそ
う？　手伝う？」と尋ねるのに「自分で」と返答していた。その後，も
じもじしながらも，１人でお部屋に入り，着替えの入ったバッグのとこ
ろまで進んで来た。そのＡちゃんに向かってナツ先生は「お着替えと，
おトイレ，どっちが先でもいいよ」と声をかけると，トイレに行くこと
にしたようだった。

▶２回目のコンサルテーション概要

・先生方が，合図で対応を交代しているのを見て，素晴らしいなと思っ
　た。それにより，Ａちゃんの様子も変わり，結果，本来やるべきこと
　へ進んでいた。アキ先生が忍者のようにパッと身をかわして去って
　いったのも，スピードも含めて素晴らしかった。

・前回の提案にあった，「メッセージの内容を変えてみる」ということ
　にも工夫がされていた。グズグズしていた場面での「お部屋に帰ろ
　う」「お腹が空いたでしょう。（だから，お部屋に入ろう）」のメッ
　セージから，「ご飯が，冷めます。（ご飯が冷めるから早く入りなさい，
　とは言っていないところが，大きなポイント）」とメッセージが変わ
　り，本人と綱引きの状態にならないよう，押し問答が回避されたよう
　に見えた。

・さらには，ナツ先生が「○○をやりなさい」と言わないスタイルで，

子どもを促しているのが絶妙だなと，感じた。

以上のようにフィードバックすると，先生方からも「人を変える，話を変える，と思ってやるようにしています。他の職員にもこの2つのことがいいようだと，共有しています」と，話があった。

2回の観察や，先生方からの情報により，Aちゃんがどんな「大人の対応」で，「どんな反応」になるのか，ということを中心にして起きていることを整理した。多くの場合，「どんな場面」で子どもが「不適応な行動をとるのか（どのような反応をするのか）」という個人内で起こることに注目しやすい。しかし，園で「対応に困っている」という主訴のコンサルテーションを行う場合には，「大人の関わりと，子どもの反応」という関係性の軸で考えていくと，「もうすでにうまくやっていること」「ちょっとマシになる対応」などの例外が見つかり，大人が主体的に関わるその結果としてAちゃんの反応がある，という構図も理解しやすくなるだろうと考える。つまり，子どもに起こっていることだけをターゲットにするのではなく，変化可能性を持った大人の関わり，アプローチについて問題提起の設定を行うということである。

例外について話題にすること，それらをコンサルテーションの場で扱うこと自体が，先生方を大切にし，労い，エンパワーできる関わりになるのではないかとも思われる。もちろんこの事例のような，子どもが過剰に大人に甘える姿がある，依存している，遊びが見つけにくい，等の不適応な様子から，その子どもがどのような状況に置かれているのか，どのような心理的健康状態なのか，ということを想像し，必要なケアを準備することも大切である。このコンサルテーションでもAちゃんの状態の背景には，母親の育児への動機づけの低さという環境の要因がありそうだ，ということは話題に挙がっていた。Aちゃんのケアという点では，保育園として母親へアプローチしていくこと，Aちゃんの甘えをどのように満たしていくのかということ，また，愛着の課題についても今後も力を要することになるだろうと，管理職や，担任の先生方と確認を行っている。コンサルテーションとしては，主に先生方が一番苦労されている部分に気づきや，具体的な手立てが見つかることを大切にしたい。

現実的な見通しが持てることで関わる大人に心理的な安心・安全がもたらされて，子どもたちにどのようにエネルギーを注いでいくのかという構えも整うだろうと考える。

2）幼稚園，保育園の管理職向け

　ここからは，園全体の運営，保育活動の監督を行う管理職の園長や副園長向けのコンサルテーション事例を紹介し，要点を確認したい。

事例「園で元気のないBくん～母親を福祉的支援につなぐ～」

　おおぞら幼稚園のBくんが，活動の中で最近やる気がないように見えるという。その一方で，少し緊張感のある場面では，静かにじっとすることができず体が動き，落ち着きがなくなる。注意してもその場で少しの時間は我慢しているようだが，他児に比べてやはり目立ってしまうということだった。園長先生は，「発達的に何かある子なのではないか」ということで，心理のコンサルテーション時にBくんを取り上げることを希望された。

　他の活動時の様子を聞くと，取り組みの可否は内容ではなく，本人の元気（エネルギーの多少）に関連していそうだということが分かってきた。

　家庭の状況を確認すると，以下のようなことが理解された。

・両親と生活しているが，母親にメンタル不調があるため家事や子どもの世話ができず，Bくんは起床後近所の祖父宅へ行き，朝食をとっている。園への送迎も祖父が行い，午後降園すると祖父宅で夕食を食べて，眠る時間に自宅に戻っている。

・父親は多忙で，家事やBくんとの関わりも休日のみ。しかし，園の行事や面談などは父親が引き受けて参加できているという。

・祖父も協力してBくんのお世話をしてくれているが，今まで数回，降園の時間を間違えてBくんだけお迎えがなかったことがあった。園の先生方は，お祖父さんの年齢を考えると，今後お祖父さんがBくんの主たる養育者として育児をしていくことは難しいのではないか，と感じていたという。ただ，母親の状況などを思うと，家庭生活やBくん

の養育については言及しにくい思いがあったということだった。

▶コンサルテーション概要

・先生方がBくんの家庭全体について心配をしてきたことを取り上げ，Bくんにとって園や園生活が大きな器となり，支えとなっていただろうと伝えた。つまり，災害や家庭環境の変化など，不安を抱え不確かな状況に置かれている子どもにとっては，生活の中に「変わらない時間（活動や人）」があることが何よりも子の支えとなると，説明した。

・母親へのサポートを含め，この家庭が活用できる福祉サービスがあることを示した。窓口を紹介し，基本的に父親が主導となり相談や手続きを進める必要があることの説明を行った。

・Bくんと母親の関わりが現在どの程度あるのか把握するため，Bくん本人に「ママとお風呂に入るの？」，「誰とテレビを見たりするのかな？」など，Bくんの具体的な生活が描けるように尋ねてみることも良いだろうと，助言した。全てが詳細に分からなくとも，子どもが置かれている状況を大人が想像できること，言いかえれば子どもが現在生きている世界をイメージできるかどうか，それが，その子を理解することにつながるからである。

　コンサルテーションを経て，園長をはじめとした管理職の先生方は，まずBくんのお父さんと「Bくんの園での様子について（Bくんが最近，さびしそうに見えることがある）」ということで面談を行い，Bくんの養育を中心に家庭の状況について聞き取り，話をすることになった。

おわりに

　コンサルテーションは個人を対象とした個別心理面接と同様，コンサルテーション面接を通してコンサルティがエネルギーを補うことができ，面接後の専門的活動に活かされることが主意である。そのためには，労いやコンプリメントが，コンサルテーション活動の充実に重要な役割を果たすと考える。相談が求められる場面は「困った状況」についてをテーマとする時間であること，つまり問題中心のやり取りが想定されている。そんな中，例外になり得る会話がコンプリメントだろう。実際の

大変な状況を生き抜いていく主体であるコンサルティが，自分自身を確認し，能力を発動できるよう，「やってみようか」という気持ちになれるようにエンパワーしていきたいと，常に心がけている。

参考文献

本城秀次（監修）・河野荘子・永田雅子・金子一史（編）　2015　心理臨床における他職種との連携と協働―つなぎ手としての心理士をめざして．岩崎学術出版社．

鶴　光代・津川律子（編）　2018　シナリオで学ぶ心理専門職の連携・協働―領域別にみる多職種との業務の実際．誠信書房．

若島孔文　2011　ブリーフセラピー講義―太陽の法則が照らすクライアントの「輝く側面」．金剛出版．

大学における子どもと家族への支援

大町知久

はじめに

　筆者は，学生相談機関に勤めるカウンセラーである。そのため，本稿における大学における子ども（以下，学生）と家族への支援は，主に学生相談における学生と家族への支援について取り上げる。学生相談における支援は，学生が対象であり，家族とのかかわりは学生の支援に役立てるために行われることが原則とされる。しかし，どこまでを学生のため，どこからを家族のためと捉えるかは，家族関係の相互作用を円環的な事象として捉える家族心理学・家族療法の視点から見れば，単純ではない。本稿では，大学および学生相談の家族とのかかわりの経過を整理し，今後の学生相談に求められる家族への支援のあり方について述べる。

1　距離があった大学と家族

　かつて，大学は，学生の家族と距離をおいていた。飯田ら（2009）は，大学が家族と距離をおいていた理由について3点挙げている。1点目は，高校までと異なり，大学は親との接点が少ないこと，2点目に，年齢が進み，学生と家族の関係が密接ではなくなること，そして3点目は，学生は青年期の年代に当たり，自立という重要な発達課題に取り組む存在

であることである。学生にとって自立が重要であることは，今も昔も変わらない。ただし，大学が家族と距離をおいていた当時の一般的な大学生像は，「すでに一個の人格を備えた大人」であり，「大半の学生は主体的に学生生活を創造し，謳歌する」（高石，2009）存在とされていた。

　学生相談においても，同様の大学生像を元に支援のあり方が検討されていた。齋藤（2006）は，当時のカウンセラーの姿勢について，「直接的に親・家族との関与を持つことは，むしろ学生の内的な心理的作業を妨げかねない可能性があり，えてして慎重な構えをカウンセラーは有していた」と述べている。当時の学生相談における支援実践が，個人心理療法的アプローチが主流であった（平木，1994）ことも，カウンセラーが家族とかかわらない方針を持つに至った理由の1つに挙げられるかもしれない。当時の学生相談の家族とのかかわりは，自傷他害等，心身の危険が高まった際の危機介入的な支援や，統合失調症をはじめ，重い精神疾患を抱える学生の生活支援の一環として生まれた療学援助と呼ばれる支援などに限られていた。現在も，大学やカウンセラーが，学生の自立に向けた支援として，学生が家族と距離を取り，自らを内省する時間と環境を守ることは重要である。しかし，現在の大学生像は，「高度経済成長と国際化による社会の複雑化，寿命の延長による親の生き方の変化等々で，青年の自立が延期させられざるを得なくなった」（平木，1994）状況や，大衆化・情報化が進んだ社会・文化的な変化に伴い，非常に多様化している（文部省高等教育局，2000）ことが指摘されている。

2　近づく大学と家族の距離

　大学と家族が近づくようになった要因は，学生支援上の必要性と，大学経営上の必要性という2点が主な理由として挙げられる。

　1点目の学生支援上の必要性は，前項にて述べた学生の多様化が大きく影響している。従来の学生理解や教育・支援方法では，多様化した学生を教育・支援していくには十分ではなくなり，学生のあり方に寄り添った方法を模索する必要があるとされた。そのため，文部省高等教育

局（2000）は，「大学における学生生活の充実方策について（報告）─学生の立場に立った大学づくりを目指して」の中で，従来の「『教員中心の大学』から『学生中心の大学』」へ高等教育のあり方を転換していく方針を示した。「学生中心の大学」への転換は，学生支援においては，学生に寄り添う手厚い支援への転換を意味する。同時期に，ひきこもり青年による事件が生じ，ひきこもり青年への支援の重要性が社会的に認識されるようになった。その結果，大学は，不登校状態にある学生や，その他消極的な退学に至る学生など，将来的にひきこもり状態に陥るリスクが高い学生に対する支援を，重要な課題として認識するようになった。しかし，上述した状態にある学生は，自ら支援を求めることは少ない。そのため，大学は家族とかかわり，共に学生の支援に当たる必要性が生じたと言える。

　2点目の大学経営上の必要性は，18歳人口の減少に伴い，各大学が入学者を確保するための新しい取り組みを行う必要が高まったことである。大学は，入学者確保策の一環として，受験生の進学方針をはじめ，学生に強い影響を持つ家族に対して，積極的に情報発信を行うようになった。具体的には，大学の教職員が，地方在住の家族のために各地方で入試説明会や保護者会を行い，成績表を家族にも送るなど，従来の高等教育とは大きく異なる家族との関係性が反映された施策が行われるようになっている。大学にとっての家族の存在感は，確実に高まっている。

3　学生相談機関で増える家族の利用

　大学が手厚い学生支援を標榜するようになったことは，学生相談にも大きな影響を与えた。近年，多くの学生相談機関において，家族の利用者は増加している（細谷，2019など）。学生相談機関が保護者向けの心理教育的ガイドブックを作成する（三川，2007）など，学生相談機関が家族向けに情報を発信する機会も増えている。齋藤（2006）は，これからの学生相談のカウンセラーには，以前の大学生像や学生相談の方法論にとらわれることなく，家族を学生の自立を共に支えようとするパート

ナーとして捉え，必要に応じて積極的にかかわりを持っていく柔軟な姿勢が求められると述べている。磯部ら（2015）は，自らが所属する学生相談機関における家族とかかわりを持った事例を分析し，学生支援のために家族を支援するという視点が必要となっていることを指摘している。

　また，2005年の発達障害者支援法の施行に伴い，高等教育における発達障害を抱える学生に対する支援の重要性や，実際に支援する上での難しさが注目されるようになった。発達障害を抱える学生に対する心理支援は，学生の心理的な内省を促すことを主な目的とした従来の心理療法的な支援だけでは，十分ではないことも多い。発達障害を抱える学生への支援は，現実的な生活環境における調整や，具体的な生活技術に関する支援が必要となることが多く，学生が生活を共にする家族を支援することも重要となる。

　磯部ら（2015）や佐藤ら（2018）は，学生相談機関における家族とのかかわりについて事例を元に分析している。そして，どちらの研究においても，カウンセラーが家族とかかわりを持つ状況は，不登校の学生や発達障害を抱える学生を支援する場合が多いことが報告されている。次いで，学生が精神疾患を抱えた場合や，学生の危機的な状態にある場合の介入上の必要性が挙げられており，従来からの学生相談における家族とのかかわりも重要であり続けていることが見て取れる。松下ら（2007）は，精神科的な病気や長期にわたる不登校など，学生に対応する上で困惑する状況にある家族を集めた「ファミリーサポートグループ」を展開している。このプログラムは，不適応を抱える学生の家族という孤立しがちな存在に対する支援として，重要な取り組みであると言えるだろう。

4　学生相談における家族支援を有効なものとするために

学生相談機関のカウンセラーが家族とかかわることの難しさ

　中釜（2008）は，親カウンセリングについて，親が「子どもの問題解決の良質の手助け要員になること」が狙いであり，「そのために，親機

能の向上や親自身の変容，夫婦関係の見直しが求められる場合もあれば，そんな要素がほとんど入らない場合もある」と述べている。これまでにも述べてきたように，家族に学生の問題解決の手助け要員として機能してもらえるようになることが，家族支援の狙いと言えるだろう。しかし，学生の家族は，かかわりの最初から学生の手助け要員となる準備が整った家族ばかりではない。斉藤・飯田（2009）の調査では，学生相談カウンセラーの8割以上が学生の家族と実際にかかわりを持っていた。しかし，多くのカウンセラーが，家族とのかかわりの初期段階で，「家族からの怒りや拒否など否定的態度に遭遇することが多い」と，対応に苦慮する場面を挙げていた。また，高野ら（2011）は，学生の危機状態における対応について分析し，危機にある学生ほど，家族関係に困難がありうることを指摘している。吉村（2016）は，カウンセラーが家族と効果的にかかわるには，家族とのかかわりを支える理論と技法が必要であり，家族心理学・家族療法の視点が役立つと述べている。

　カーターとマクゴールドリック（Carter & McGoldrick, 2005）は，自立を課題とする青年期の子どもを持つ家族は，子どもが家族境界を出入りすることを許す家族関係へと変化することや，子どもが出て行った後の夫婦関係を見つめなおすこと，そして両親夫婦の親世代のケアへの取り組みが求められるとしている。青年期の学生がいる家族は，大きな家族の変化が求められる課題に取り組む最中にある。家族が抱えている課題や不安を理解してかかわることがなければ，家族が学生に対する良質な手助け要員として機能する準備を整えることは難しいだろう。

家族心理学・家族療法を活用した学生支援

　学生相談実践において，カウンセラーが家族とかかわりを持ち，学生の支援に当たることには，支援構造や技法上の難しさがある。そこで，学生相談実践で家族心理学・家族療法の視点がどのように活かされているのかを確認するために，幾つかの事例研究を紹介する。

　布柴（2012）は，激しい自傷行為を行う女子学生に対する支援経過で，親を激しく責めるようになった学生に困惑する両親との面接や，学生も

交えた家族合同面接を行っている。両親面接では，青年期にある子ども
の親への主張について，親が受け入れやすい意味合いへとリフレーミン
グするとともに，親が自ら語る親自身の原家族からの影響を承認するな
どのかかわりを行い，両親の関係性の調整や学生を支援する親の協力体
制の構築を行っている。そして，家族が学生の健全な成長を支え，抱え
る器としての機能が回復した時の学生の回復・成長ぶりは目を見張るも
のがあると述べ，学生という自立の時期にこそ，親を交えて親子関係に
介入することが重要であると指摘している。

　また，発達障害を抱える学生への支援では，学生が自らの発達特性を
受容し，自己理解を深めることが重要である。しかし，学生の家族が学
生の発達特性を受容することが難しいために，学生自身の受容のプロセ
スが滞ることがある。大町（2014）は，発達障害的特性を持った学生に
対する支援経過の中で，学生の両親との面接や学生も含めた合同面接を
行っている。カウンセラーは，両親の夫婦間葛藤の経緯や，親自身の原
家族における体験など，親が語る内容と今の学生に対する対応を結び付
けて整理するやり取りを行っている。そして，当初，学生の特性を否認
していた家族が，親面接でのやり取りを通じて，学生の特性とそれに伴
う学生の辛さに共感できる姿勢になっていく様子を報告している。

　杉岡（2015）は，家族面接を伴う事例の支援経過を検討し，家族との
面接を学生支援に役立てるためには，カウンセラーは，家族面接の目標
について，家族の問題に取り組むためではなく，学生の成長のために行
うという明確な枠組みを提示することが重要であると指摘している。そ
の理由について，学生相談の枠組みで家族の問題を扱うことは構造上難
しく，時に根が深い両親夫婦関係の問題を扱うよりも，学生を育てる親
としての側面に働きかけることが重要になると述べている。

　上記3家族は，カウンセラーが家族とかかわりを持ち始めた当初は，
学生の「良質の手助け要員」（中釜，2008）となる準備は整っていな
かった。そこでカウンセラーが，家族面接を活用し，学生の不適応の背
景にある家族の多世代的な課題を見立て，介入することや，夫婦それぞ
れのかかわり方を大切な役割分担としてリフレーミングすることで，

「良質の手助け要員」として家族が機能できるように支援している。

　また，原（2011）は，不仲な両親間の仲介をし続けてきて疲れてしまったと来談した学生に対する支援経過を，三角関係化（Kerr & Bowen, 1988）の概念を活用して考察している。この事例では，学生が三角関係化した家族関係の中で担ってきた 鎹（かすがい）のような役割の効用と負担をカウンセラーとの間で共有したことが，学生の家族関係の捉え方に新たな視点を取り入れることに貢献している。この事例は，家族とカウンセラーが直接会うことはしていない。しかし，学生との個人面接で家族心理学・家族療法の視点を活用することが，家族関係の文脈に沿った学生の負担を理解するきっかけを生み，学生が家族との新たなかかわりに向かう支援となりうることを示している。

　北島（2015）は，「無計画に家族を面接の場に呼び出すと，かえって混乱を招くことがある」と述べ，学生相談で家族と会う場合にはカウンセラーの見立てが重要であることを強調している。特に「親のパーソナリティが極めて不安定」な場合や，「虐待，ネグレクトなど，家族間に深刻な信頼関係の欠如がある」場合には，家族面接を行うことが，家族および学生をさらに脅かす事態となりかねないと述べている。しかし，同時に，青年期にある学生にとって，親から直接の承認をもらうことで得られる安心感は極めて重要であるとも指摘している。そのため，カウンセラーが家族関係を扱う知識と技術を備えた上で，学生の支援に家族面接を効果的に取り入れられるようになることが必要であると述べている。

おわりに

　大学および学生相談と家族との過去と現在のかかわりを整理し，学生支援に役立つ家族支援のあり方について述べてきた。学生相談という場で，学生支援のために家族とかかわることには難しさはあるが，必要な場面も確実にあることを指摘できるだろう。今後ますます学生相談とかかわる家族は増えると考えられる。カウンセラーが，家族心理学・家族療法の理論と技術を身に付けることで，学生支援に家族とのかかわりを

十分に活かしていくことが期待される。

文　献

Carter, B. & McGoldrick, M.　2005　*The expanded family life cycle : Individual, family, and social perspectives. 3rd edition.* Allyn and Bacon : Boston.

原　英樹　2011　三角関係化した家族関係で形成された適応性を欠いた自己主張の改善過程．学生相談研究, 32(1), 1-11.

平木典子　1994　6. 学生相談におけるその他の方法．都留春夫(監修)・小谷英文・平木典子・村山正治(編)　学生相談―理念・実践・理論化．星和書店．

細谷紀江　2019　公認心理師時代の医療心理士への期待―学生相談の領域から．心身医学, 59(2), 130-136.

飯田昭人・寺田　香・黒澤直子ほか　2009　対人援助領域における家族支援研究の動向と課題における考察．人間福祉研究, 12, 113-127.

磯部典子・内野悌司・高田　純ほか　2015　学生相談における家族ガイダンス．総合保健科学, 31, 43-48.

Kerr, M. E. & Bowen, M.　1988　*Family evaluation : An approach based on Bowen theory.* W. W. Norton : New York. [藤縄　昭・福山和女(監訳)・福山和女・対馬節子・万歳芙美子ほか(訳)　2001　家族評価―ボーエンによる家族探究の旅．金剛出版．]

北島歩実　2015　学生相談で親と会うこと．日本家族心理学会(編)　家族心理学年報33．個と家族を支える心理臨床実践Ⅰ―個人療法に活かす家族面接．金子書房．

松下智子・峰松　修・福盛英明　2007　学生相談における「ファミリーサポートグループ」活動の試み―援助資源開発的アプローチという視点から．学生相談研究, 27(3), 191-203.

三川俊樹　2007　話題提供3　大学生の「育て上げ」に向けた保護者支援―「保護者のためのガイドブック」作成の試み．高石恭子(編)　シンポジウム　学生相談における家族支援―その理解と新たな試み．甲南大学学生相談室紀要, 15, 46-69.

文部省高等教育局　2000　大学における学生生活の充実方策について（報告）―学生の立場に立った大学づくりを目指して．

中釜洋子　2008　家族のための心理援助．金剛出版.

布柴靖枝　2012　青年期女子の自傷行為の意味の理解と支援―行動化を繰り返しつつ，自分らしさを模索していった女子学生の危機介入　面接過程を通して．学生相談研究, 33(1), 13-24.

大町知久　2014　発達障害受容とキャリア再構築の心理援助―学生相談に資

する家族援助の視点．学生相談研究，34(3)，201-212．

齋藤憲司　2006　親・家族が関与する相談事例への構えと対処―学生の自立をめぐる支援・連携・協働．学生相談研究，27(1)，1-13．

斉藤美香・飯田昭人　2009　学生相談における家族支援の動向について．北翔大学北方圏学術情報センター年報，2，49-55．

佐藤静香・吉武清實・松川春樹ほか　2018　学生相談における親・家族からの相談の特徴．東北大学高度教養教育・学生支援機構紀要，4，475-483．

杉岡正典　2015　親面接により学生の自立が促進された面接過程―親機能の回復の意義．学生相談研究，36(1)，1-11．

高石恭子　2009　〈高等教育の動向〉現代学生のこころの育ちと高等教育に求められるこれからの学生支援．京都大学高等教育研究，15，79-88．

高野　明・吉村麻奈美・今泉すわ子ほか　2011　学生相談場面における危機状況についての質的検討．東京大学学生相談所紀要，19，1-8．

吉村麻奈美　2016　学生相談における家族支援―陰に陽に．津田塾大学紀要，48，73-88．

いじめ問題

中野真也

はじめに

　教育・学校臨床の分野において，いじめ問題は，不登校とならび対応すべき問題の1つとして挙げられている。文部省は"弱いものをいじめることは人間として絶対に許されない"という基本的認識のもと，"いじめられている子どもの立場に立った親身の指導を行うこと"を対応の方針としてきた（文部省，1996）。2013年にいじめ防止対策推進法が施行され，教育・学校現場へより一層の様々な取組を求め，行われているが，いじめによる子どもの自殺などの問題がしばしばメディアで報道されている状況は続いている。それでは，実際の学校現場ではどのようないじめ問題が起こり，対応されているのであろうか。また，いじめ問題への望ましい対応とはどのようなものであろうか。

　筆者は，システムズアプローチ・家族療法の立場から，いじめ問題の理解と対応に関する研究を行った（中野，2018）。本稿では，「いじめ」を取り巻く文脈，学校現場での実態と対応など研究の概要の一端を示した上で，いじめ問題を捉え直し，教育・学校臨床上の対応について論じることとする。なお，研究の詳細については，ホームページから無料でダウンロードできるため，関心のある読者は直接参照されたい。

1 「いじめ」を取り巻く文脈

　「いじめ」は，その定義や対応の指針が歴史的変遷により変化し，その語られ方が大きく異なる。また，その変遷の経緯によって，「いじめ」にまつわる文脈や言説が生じ，問題化において影響を及ぼしている。対応にあたって留意すべきポイントにつながるため，以下にその概要を示すこととする。

　「いじめ」の定義は，いじめ自殺などの深刻な事件のメディア報道による社会問題化と，それへの対応を迫られる形で文部科学省や国が施策を行う，といったパターンで，4度にわたり変化してきた（表1）。

表1　「いじめ」の定義の変遷
（国立教育政策研究所生徒指導センター，2009 を改変）

1985〜1993	1994〜2005	2006〜	いじめ防止対策推進法
①自分よりも弱い者に対して一方的に， ②身体的・心理的な攻撃を加え， ③相手が深刻な苦痛を感じているもの。 であって，学校としてその事実（関係生徒，いじめの内容等）を確認しているもの。	①自分よりも弱い者に対して一方的に， ②身体的・心理的な攻撃を加え， ③相手が深刻な苦痛を感じているもの。	①一定の人間関係のある者から， ②心理的・物理的な攻撃を受けたことにより， ③精神的な苦痛を感じているもの。 いじめの「発生件数」を「認知件数」に改める。	児童生徒に対して，当該児童生徒が在籍する学校に在籍している等当該児童生徒と ①一定の人的関係にある他の児童生徒が行う， ②心理的又は物理的な影響を与える行為（インターネットを通じて行われるものを含む。）であって， ③当該行為の対象となった児童生徒が心身の苦痛を感じているもの。

＊　1994年からは，調査実施時に「『いじめ』か否かの判断は，表面的・形式的に行われることなく，いじめられた児童生徒の立場に立って行う」と明示されるようになった。

＊　「一定の人間関係のある者」とは，学校の内外を問わず，例えば，同じ学校・学級や部活動の者，当該児童生徒が関わっている仲間や集団（グループ）など，当該児童生徒と何らかの人間関係のある者を指す。

いじめによる自殺が報道され，1985年に初めて「いじめ」の定義と対応指針が文部省より示された。この時の「いじめ」は，弱いものに対して行う「弱いものいじめ」であり，学校が客観的にその事実を把握しているものであった。次に問題化したのは1994年であり，同級生による暴力や金銭要求を苦にした中2男子のいじめ自殺事件が起こり，遺書や加害生徒の実名が書かれたメモなどが明らかとなって大きくメディア報道されることとなった。その対応として文部省は，「弱いものをいじめることは絶対に許されない」との認識のもと，「いじめによって自殺など深刻な事態にならないように，学校関係者が被害生徒の立場に立ち子どもを守らねばならない」という姿勢を打ち出し，被害生徒の主観性に基づいた定義へと変更した。当時の背景として，子どもの権利条約（1994年に日本で批准）によって子どもを守ることや，学校には学校教育に伴って生じる危険から子どもを保護する義務（学校の安全保護義務）があり，いじめによる危険も含まれるようになったことがある。

　2006年には，「公教育への不信」が話題に挙がる中で，教育委員会がいじめの事実を否認し，不適切な対応が問われた事件と，教師の不適切な言動が自殺の一因であった事件の2つのいじめ自殺がメディア報道され，学校や教育委員会の責が問われた。文部科学省は，学校関係者へ襟を正すように通知をすると共に，「いじめ」の定義を拡げ，いじめ自殺など深刻な事件が繰り返されないよう広く細やかな注意と対応を学校関係者へ求めた。これまで「弱い者に対して一方的に」「相手が深刻な苦痛を感じているもの」とされていた要件が，「一定の人間関係のある者から」「精神的な苦痛を感じているもの」へと「いじめ」の範囲が拡がった。2012年に，大津のいじめ自殺事件がメディア報道され，学校や教育委員会の隠ぺい体質，いじめ対応や調査の不十分さなどが明らかになった。文部科学省の施策だけでなく，国会での審議から「いじめ防止対策推進法」が2013年に施行され，「いじめ防止等のための対策に関する基本的な方針」の策定や国，地方公共団体の責務，重大事態が生じた際の対応組織や調査等の義務が法律で定められ，現在に至っている。

　こうした「いじめ」の語られ方・取り上げられ方は，いじめる側とい

じめられる側，つまり加害被害の関係を想定した言及となり，「いじめか否か」「誰が悪いか」という文脈を必然的に帯びている。また，時代背景の影響もあり，「子どもを守る責任は学校にあり，いじめ自殺といった深刻な事態を招いたのは，対応すべき学校や教育委員会が悪い」「その責任を認めない学校や教育委員会はさらに悪い」という暗黙の文脈がうかがえる。文部科学省の施策の意図は，深刻ないじめ自殺などの事件が起きないように，いじめは絶対に許さないとし，いじめる側には毅然とした指導を行い，いじめられる側を徹底して守り通すよう，定義を拡げ学校関係者などが注意し子どもたちを見守るよう求めるものであり，これが対応の基本方針となっている。これを法律として制定したのが「いじめ防止対策推進法」であり，法律の名の通り，深刻ないじめ事件を防止するための対応モデルと言える。その経緯や意図も含め，いじめ自殺といった事件防止のための対応の重要性は言うまでもない。

　しかしながら，これを学校現場の対応モデルとするのは不適切で不十分である。なぜならば，子どもを教え育むことが目的である学校教育においては，事件防止を念頭に置くこと自体がそぐわない。広く曖昧な「いじめ」の定義は，「絶対に許されないこと」とイコールにできず，学校生活で子どもたちに日常的に生じる対人トラブルといじめ的な問題への適用が困難である。また，子どもが学校生活を送る中では様々な人間関係とその変化が見られるが，加害－被害の関係を前提とした対応は，子どもたちの指導・成長につながらない，といったことが挙げられ，教育・学校臨床的な対応モデルが望まれる。

2　学校現場におけるいじめ問題

　筆者は，16名の公立中学校教師を対象としたインタヴュー調査を実施し，学校現場におけるいじめ問題とその実態についてまとめた（中野，2018）。教師によって言及された主な結果を以下に示す。
・いじめ問題は子どもたちの関係の中で生じ，対人トラブル等の一部が「いじめ」として問題化する。要因として，子どもたちの規範意識や

自己中心性，ソーシャルスキルといった課題が関与していた。

・保護者はメディア報道などで不安を喚起され，過敏で容易な「いじめ」訴えをし，自分の子だけ守ろうとすること，その背景には保護者の不安や孤立があることが挙げられた。

・教師の姿勢といった個々の要因だけでなく，学級づくりや学校組織の指導体制など，集団・組織レベルで機能しているかが重要であった。

・子どもは「いじめ」という言葉を冗談や些細なことなど多様な意味で用いていた。「いじめ」の認識やその言葉の用い方は，立場によって大きなズレが生じることが示された。

・教師は，子どもたちの関係や今後の成長，充実した学校生活を過ごせるかを考慮する生徒指導における教師の基本スタンスを有し，文部科学省のいじめ対応の基本指針を受けつつも，現場に応じたいじめ認識と指導をしていた。そこでは，いじめか否かではなく，やってはいけない行為への指導を行っていた。いじめ問題が発生した際には，双方の子どもたちに事実確認をし，配慮しながら保護者に連絡し，工夫しながら必要な指導を行う，といったいじめ問題への基本的対応が示された。

・教師が指導対応しても，問題に関与する子どもの課題が残ったり，子どもたちの指導後の関係が難しくなること，中には再び問題化してしまうなど対応の困難さが示された。

・いじめ問題は子どもたちの関係や課題，保護者と学校，学級や学校の指導体制といった集団・組織など広く様々なレベルの要因とその関係が影響していた。また，認識や立場の違いから，関係を損ねやすい課題があり，「関係性の問題」として捉えることが求められる，という結果が示された。

　考えてみれば当然のことではあるが，「いじめ」は，一人では起こりえず，複数の子どもたちの関わりの中で現れるものである。また，学校生活では，学業や成績，運動，外見・容姿，部活動などで優劣が存在し，子どもなりの優越感や妬み嫉みといった心理も見られる。子どもたちの仲間関係やクラスなどの集団において，力関係やそこでの役割などがあ

り，対人トラブルも必然的に多かれ少なかれ生じ，その中の一部に関係の歪みあるいは不適切な関わりとして「いじめ」問題がある。また，そこに，不安を喚起された保護者らが「いじめではないか」と訴え関わることがあり，それゆえいじめ問題への対応には保護者対応が含まれている。しかし，「いじめ」と表現されたとしても，その指し示すものは事例によって異なり，また認識のズレも生じやすい。教師らはいじめか否かではなく，やってはいけないことを指導するなど現場に応じたいじめ認識と指導を行うなど工夫をしているが，様々な現場での困難さもある。こうした様々な要因とそれらの関係がいじめ問題に関与しているのが学校現場の実態である。「加害−被害」と二分化して捉えるのは過度な単純化であり，「いじめは絶対に許さない」と声を大にしても，発達過程の子どもの自然な心理や複雑な人間関係の変化を考慮せずには効果がない。それぞれの部分に切り離すのではなく，関わる要因とそこでの関係を含めた全体として捉える家族療法的な視座（中野，2014）から，いじめ問題に関わる子どもたち，保護者，学校の要因と関係を捉え扱うことが求められる。

3　いじめ問題対応のポイント

　いじめ問題への対応にあたり，まず留意すべきこととして，いじめにまつわる文脈の影響がある。「いじめられた」「いじめではないか」との訴えは，一見それを表明する子どもや保護者が困っていて相談になるかのように見えるが，「いじめか否か」「悪いのは相手であり，自分は悪くない（から変わる必要もない）」「学校の対応は不当・不適切である」といった文脈を帯びていることが多い。つまり，「いじめ」訴えは，立場と正当性の主張であり，適切な対応を求めることであって，困りごとにまつわる子どもの課題への援助などへの教育臨床的援助につながらないのである。相手や学校を責める文脈そのものを続ければ，関係を損ね，一時は気分が晴れ表面的には解決したかに見えても，いじめ問題に関わる子どもたちの関係や課題は残ったままになってしまう。そのため，安

易に訴えをそのまま受け止め被害側を守ることに終始するのは，明確な加害被害関係の事例でなければ，多くの場合不適切であろう。いじめ訴えをする子どもや保護者の背後にある不安を受け止めつつ，「相談の土俵に乗せる」（中野・吉川，2017）ことができるよう，関係形成を試みることが肝要になる。

　「いじめ」の言葉が曖昧で立場によって違うため，訴えが指し示すものを明確にすることが重要である。「強い者が弱い者に対して一方的に」なのか，「誤解・すれ違いからの仲間関係のトラブル」か，「集団内での勢力争い」か，「悪口などはあったとしても個人的な課題・要因が強い」のか，子どもというよりもむしろ「相手や学校への保護者の不信感や不満」なのか。いずれかによって対応は異なるため，子どもや保護者を含め，いじめ問題に関わる人たちの関係を把握し，実態に沿った対応が必要である。そうでないと，問題の解決につながらないばかりでなく，実は保護者と学校側の対立している構造に，スクールカウンセラーなどの援助者も巻き込まれるばかりか，その一端を担い，問題の維持要因になってしまうことさえある。自らがどの立ち位置でどう問題に関わっているのかについて，全体像を押さえた上で振る舞うことが求められる。

　また，いじめとして問題化する場合には，ほとんどの場合に暴力や悪口，からかい，仲間外れなどのいじめ行為が含まれる。教師のインタヴューでもあったように，これらの行為はいじめか否かにかかわらず，やってはいけない行為であり，事情があったとしても望ましくない行為である。教育的な視点からは，ソーシャルスキル上適切な行為へと指導し，行動変容することが求められる。そのため，教育相談的に受容・共感するだけでなく，不適切な行為を指導し修正させるといった生徒指導的な対応を，援助者としても考慮する必要がある。

　個々の事例を鑑みると，中には危機介入が必要な事例もあれば，発達障害の特有な認知・行動パターンが関わるもの，部活動などの集団内でのシステムの機能不全，地域特性を背景とした学校と保護者の関係など様々な事例が筆者の限られた経験でもある。しかしながら，上記したいじめの文脈を脱し，関わる子どもの課題を保護者と学校が協力して支援

する体制へとつなげることは，共通したポイントと考えられる。悪者探しをするのではなく，関係を捉え，望ましい関係へと導く家族療法的な視点（長谷川，2007）は，いじめ問題への対応において非常に有用なものである。他の問題でも同様ではあるが，特にいじめ問題では，悪者探しをし誰かを責め，そこに留まってしまうと悪循環に陥ってしまいやすい。また，いじめ問題には人間関係が背景に必ずあり，これを考慮しない個人アプローチでは対応仕切れない。滝川（2013）は，「個々の事例に接する場合，大事なのは『いじめ』か否かの判断や確認ではなく，いま生々しく起きているその子らの厄介ごとをどう解決するか」と述べている。そのためには，いじめにまつわる文脈に囚われずに，子ども・保護者・学校を含めた問題に関わる関係者の関係とその動きを捉え，主体的にアプローチする必要があり，家族療法的な対応が望まれると考える。

文　献

長谷川啓三　2007　いじめ．村山正治（編）　学校臨床のヒント─SC のための73のキーワード．金剛出版．pp. 99-101．

国立教育政策研究所生徒指導研究センター　2009　生徒指導資料第 1 集（改訂版）　生徒指導上の諸問題の推移とこれからの生徒指導─データに見る生徒指導の課題と展望．ぎょうせい．

文部省　1996　いじめ問題に関する総合的な取組について．平成 8 年 7 月児童生徒の問題行動等に関する調査研究協力者会議（報告）．

中野真也　2014　「精神の生態学」とつながる．家族療法研究，31(2)，14-20．

中野真也　2018　学校におけるいじめ問題の理解と対応に関する研究─システムズアプローチの視点から．文教大学学術リポジトリ．https://bunkyo.repo.nii.ac.jp/

中野真也・吉川　悟　2017　システムズアプローチ入門─人間関係を扱うアプローチのコミュニケーションの読み解き方．ナカニシヤ出版．

滝川一廣　2013　いじめをどうとらえ直すか．こころの科学，170，16-22．

教育虐待への支援機能の分化による親支援

社会的要因説に基づくブリーフセラピーモデル

喜多見　学

はじめに

　近年の虐待件数の増加と共に，教育虐待（Educational Mal-treatment）という言葉を目にすることが増えた。教育虐待は，「子どもの受忍限度を超えて勉強させるのは教育虐待になる」として，武田が2011年の日本子ども虐待防止学会において提唱した概念である。後に武田は，教育虐待とは，「エデュケーショナル・マルトリートメント（教育における不適切な扱い）」すなわち，「個人の責任というよりは，社会の価値観の上で生じてくる現象として，対応に取り組まなければならないもの」であり，「親以外の人間によるものも含む社会的価値観によって生じているマルトリートメント」である，と述べている。教育虐待のみならず，虐待についての認識は，本来子どもと家族への援助へのきっかけであって，加害者の告発ではない（日本小児科学会子ども生活環境改善委員会，2014）。しかし，教育虐待の報道の多くは親を悪としたものであり，支援の文脈では語られない傾向にある。そこで本稿では，社会問題としての教育虐待を分析し，教育虐待関係に悩む家族支援の実際を示したい。

1 教育虐待の概念と背景

　日本において児童虐待は身体的虐待，ネグレクト，性的虐待，心理的虐待の4分類で定義されており，その行為が虐待であるかどうかは，虐待者と被虐待者の関係において，被虐待者の健康と安全が危機的状況にあるか否かで判断される。一方，教育虐待は「教育」という虐待行為の動機や意図を示す点で大きく異なる。すなわち，親が教育のために子に行った不適切な養育全般を指し，「教育を意図して子どもに対して行われる不適切な養育」とも定義できる。教育虐待の背景には，近年の虐待の増加がある。厚生労働省（2019）によると，平成30年度の虐待通告件数は15万9,850件。前年度から2万6,072件（19.5％）増え過去最多である。内訳は，身体的虐待25.2％増（＋7,033件），ネグレクト18.4％増（＋2,653件），性的虐待1.1％増（＋194件），心理的虐待55.3％増（＋16,192件）であり，増加の半分以上が心理的虐待であり，身体的虐待と合わせると80％に及ぶ。一方，児童虐待の死亡事例は平成19年の142名が最大で，平成29年は65名と生命の危険に関わる重度の虐待は減少している。このように，近年の児童虐待の中心は軽度の虐待であり，心理的虐待の面前 DV ケースは，およそ8割が軽度と判断される（野村総合研究所，2018）という報告もある。さらに，2020年4月より，親権者などによる体罰禁止を盛り込んだ改正児童虐待防止法が施行され，スポーツの体罰や受験勉強における過度な躾といった，これまで見逃されていた不適切な養育が新たに虐待として支援の対象となる。軽度の重症度で，教育を意図した不適切な養育，という新たな虐待の相談は，今後ますます増加するであろう。

2 児童虐待の保護者支援

　児童虐待の支援の目的は，「子供と親がその相互の肯定的なつながりを主体的に回復すること」（みずほ情報総研，2018）という親子再統合

である。主な支援は個別相談による親の心理治療であり，西澤（1994）は，虐待傾向のある親への効果的な心理治療の実施に必要なものとして，⑴複数の治療者，⑵実際的な援助とアウトリーチ，⑶長期にわたる治療，の３つを挙げ，従来の伝統的な心理療法とは異なる特徴があると分析している。しかし，長期の心理治療を担当する，児童虐待専任の部署または責任者の設置は，全国223の児童相談所の43％に留まり，虐待通告件数が1,000件を超える児童相談所であっても70％である（川松，2018）。また，児童相談所での保護者支援プログラムも，実施数の割合は，全相談ケースが0.8％，虐待ケースが3.2％である（政策基礎研究所，2018）。すなわち，児童虐待の親支援は個別・グループ共に全く不足しているのである。

　この現状の改善計画の１つに，児童相談所の一時保護などの「介入」機能と，保護者の「支援」機能の分化がある。支援機能の分化は，児童相談所内だけでなく，将来的には児童虐待の重症度を査定し，重症度が高い虐待は児童相談所が担当し，低い虐待は地域の支援機関が担当するという地域連携による分化もある。教育虐待は，現在でも地域の教育相談所等で支援されることがあるが，今後はさらなる連携が求められる。

　では，教育虐待の支援の実際はどのようなものであろう。以下に支援機能の分化による教育虐待の親支援事例を示す。初回面接を中心に，虐待ケースで特に困難な親と相談員が信頼関係を構築し，虐待関係を変える目標での治療契約を結ぶまでを詳細に示したものである。なお，事例は個人情報保護のため内容に影響しない範囲で改変した。

事例1　学業における教育虐待の支援　心中を訴えた父親A

　Aの主訴は「中学２年生の長男の勉強意欲を引き出す方法を知りたい。このままでは良い高校や大学に行けない。毎日，深夜２時３時まで勉強を見て，何度叱ってもサボる。部屋をビデオで録画して管理してあげている。学校の授業は寝て，夜の時間だけ勉強する。半年ほどこんな状態でもう限界。何とかしてほしい」であった。Aに虐待意識はなく，A自身も疲労困憊の様子であった。筆者が「大変な状況ですね。力になりた

いので，もう少し経緯を教えていただけますか？」と語りを促すと，A
は次のような経緯を語り始めた。「小学生の頃はAと息子は仲が良かっ
たが，一流企業に勤めるAは，海外出張で家族と離れる日々が続いた。
夫婦の会話はなくなり，息子とも話さなくなった。息子が私立中学進学
後，学習に躓き，母親に反抗するようになると，Aが勉強を教える役を
買って出た。深夜まで勉強を教え，時には怒鳴り，手も上げた。知人の
助言でビデオを設置すると息子は勉強したので，以来ビデオで監視した。
それでも成績は上がらず，打つ手がなくなった」。Aは経緯を語り終え，
落ち着いた表情を見せた。

　Aの様子を見て，筆者は「これほどの労力でお子様を教育するには，
余程の覚悟がなければできません。なにか事情があるのですか？」と，
"教育"の意図を聞いた。Aは時間をおいて語り始めた。Aは努力の結
果会社役員となり，企業再編の業務を任された。Aの働きにより数百人
の社員がリストラされ経営は改善されたが，リストラされた社員のその
後が耳に届くようになった。職を失い路頭に迷う者，自宅や家族を失い
自死を選んだ者もいた。Aは「その声が聞こえるようで苦しくて眠れな
い。社会は厳しい。どんなに能力があっても学歴で排除の対象となる。
大学で将来は決まる。息子にはそんな目に合わせたくない。駄目ならば
私が責任を持って心中する覚悟です」と涙を流しながら語った。

　筆者は話してくれたお礼を伝え，「父親として，"心中の覚悟"をされ
ていたのですね。よかったらここでは，"心中"ではなく，"父親"とし
てお子様と関わる方法を一緒に探しませんか」と，"父親"のAに語り
かけた。Aは心中を語った自分に驚いた様子で沈黙し，「こんなことを
言っていては駄目ですよね。……私のやっていることは虐待ですか？」
と話した。

　筆者は，「仰るように，Aさんの行為は虐待の定義に含まれます。け
れど，今日事情を伺った私としては，"虐待"という言葉で片付けたく
はありません。Aさんが本来やりたかった息子さんとの関わり方を一緒
に考えましょう」と伝えた。Aは深く頷き，「今のやり方でうまくいか
ないのはわかっているのです。子育てを見直したい」と，相談を願い出

た。Aは筆者に理想の父親像を問われると，子どもに尊敬される父親を望んだ。Aは親子関係の改善を目標に決め，監視カメラを取り除き，勉強の管理を止めた。Aはまた，自分が鬱病であり病院や行政の助けが必要であること認め，病院の受診と行政機関への連絡を承諾した。半年間の面接の後，Aは鬱病を治療し親子関係を立て直した。最後の面接では，「息子が立ち直ってきた，夫婦関係もこれから頑張りたい」と報告があった。

事例2　スポーツにおける教育虐待の支援　被虐待体験のある母親B

　B夫婦は虐待通告から行政機関に紹介され相談に訪れた。「やる気のない娘に指導して欲しい」とBは語り始めた。「スポーツが得意な娘のために厳しく育てた。家族団欒の代わりに送迎をし，親子関係は監督と選手であるよう努めた。娘は10歳頃から苦しさを訴えたが，甘えには体罰も必要と聞き，叱り，手をあげ，引きずって送迎した。子育ての相談を勧められたこともあったが，スポーツを優先した。しかし，中学生になる前に娘は疲労骨折。やる気を失いスポーツを引退した。それ以降，生活全般でだらけて反抗も始まり，毎日娘と大喧嘩するようになった。喧嘩の声を聞いた近所の誰かに通告されたのだと思う」。

　筆者はBの苦労を労い，母子喧嘩の経緯を聞いた。Bは「娘は些細なことで感情的になる。注意されたとかで先に手を出すのも娘。過去に私も叩いたと罵りながら叩く。私は叩かれても平気なので，制止するだけ」と語り，腕の痣を見せた。無表情で感情に乏しい口調であった。筆者の「娘さんは中学生で身体も大きく，殴られたら痛い。"教育"のためとはいえ，我慢して向き合い続けられるのはどうしてですか？」という問いに，Bは「大丈夫です。痛くも怖くもありません。慣れています」と答えた。筆者が夫にも意見を求めると，夫はBを気に掛けながら「心配なのは母子喧嘩です。Bは大丈夫と言いますが。実はBは昔実の母親とも色々あって」と語った。夫の話を受け，Bは「私の家は母子家庭で，男性が何人も出入りしていました。母は教育に興味がなく，家事は知らない男性の分も私がやりました。怒鳴られても叩かれても絶対に

負けないと思ってやってきた。私は娘に"良い教育"を与え，親のようにはならないようにしてきました」と，被虐待体験と教育への思いを語った。筆者はBの"教育"の思いとB夫婦の支え合う関係を褒め，「娘に殴られるBさんを心配するご主人の気持ちはわかります。過去の親子関係の件を知っているのならばなおさら心配でしょう。しかし，過去の親子関係を今整理するのは大変です。まずは今の親子関係を望むものに変えられるように，一緒に考えてみませんか？」と提案した。Bは渋ったが夫の勧めもあり了承した。B夫婦は，児童家庭支援センターで危機介入，当機関では家族の相談をすると決めた。3回目の面接で，Bは「褒める方法がわからなかった。スポーツをしている娘を見学席で見ていた時が，一番幸せだった。笑顔で娘を迎えていた関係に戻りたい。スポーツも体罰も止めたが，当時の関係が続いていると思う」と振り返り，母子関係の望みを語った。夫も体罰の誤りを認め，B夫婦は不適切な養育関係を変える努力を始めた。半年後，B家の教育虐待関係が解消されると，Bは被虐待体験の個人面接を希望した。夫の勧めでもあった。半年の個人面接の後，Bは「娘との関係で感情的にならなくなってきました。もう大丈夫です」と終結となった。

考察　教育虐待の支援

　2事例は，「教育を意図して子どもに対して行われる不適切な養育」であり，重症度が軽〜中度で虐待の認識に乏しいという典型的な教育虐待であった。以下に2事例の支援を検証する。

1）支援機能の分化と地域連携

　Aは鬱症状を病院で治療，危機管理を児童家庭支援センターが担当した。Bは児童家庭支援センターでの相談と夫婦面接によって危機管理がなされた。地域の支援機関が支援機能を分化しつつ1つの支援システムとして協働することで，心理面接の効果を高めたといえる。

2) 親と相談員の対等な支援関係

　教育虐待を社会的な問題とみなし，親を「虐待者」ではなく「教育や子育てに悩む親」として対話している。田中（2011）は，児童虐待について，「個々の家族や親のリスクではなく社会全体のシステムエラーであり，その病因は社会的問題」と述べているが，社会的問題として虐待を扱うことは，相談者と親の協働，すなわち，対等な支援関係の構築を意味するといえる。対等な支援関係は，親を安心させ，親が虐待関係の背景にある子育ての思いを，親として語ることを是認し，養育関係の再構築を助ける。

3) 社会的孤立の解消

　Aは社会的な成功を収めていたが，社会的役割と夫婦関係に支援の場はなかった。Bは地域でも教育熱心な母親の繋がりはあったが，被虐待体験が地域の子育て相談の機会を妨げ，支援者はいなかった。すなわち，社会の期待に応える力強い側面では，社会と繋がりがあるが，社会の期待にそぐわない弱い側面は—親役割という特定の社会的現実（役割や価値）だけが，地域社会から孤立していたといえる。社会的孤立は，本来は「客観的に見てその者が，ある社会の中で居場所や社会的安定性を持たないこと」を指す。しかし，特殊な社会的孤立状態はたとえ地域の名士であっても陥る可能性はあるのである。

4) 社会問題としての教育虐待

　2事例は，受験やスポーツにおける厳しい親子関係に応じる中で，教育虐待関係に陥った。この関係は，ある特定の条件でのみ社会から要求される親子関係であり，短期間ならば多くの家族にも見られる。周（2019）は，児童虐待の発生要因として，親の病理的要因，経済的要因，社会的要因を挙げ，病理的要因や経済的要因があり，周囲から十分な育児支援を得られない場合に，虐待確率が高まると報告している。AとBの教育虐待も，発生要因は重なり合っており，成育歴や困難な社会環境による精神的不調によって，社会から支援を得られない社会的孤立状態

にあった。本事例の教育虐待は，社会的孤立状態にあるまま，社会からの教育に関する要求に応じようと無理を重ねたことで，「虐待関係は問題を解消する唯一の手段であり，社会も推奨している」と思い込んだことが始まりであった。さらに，一度虐待関係になると，ビデオの監視や体罰の有効性等，虐待関係を強化・維持する情報のみを選び取り，更なる社会的孤立を招く悪循環に陥っていた。一方，親と相談員との対等な支援関係が成立すると，親は社会的孤立から抜け出し，虐待関係を解消している。これらの結果は，教育虐待が個人の問題ではなく，社会的な問題であることを示しているといえる。

5）教育虐待支援の5ステップ　ブリーフセラピーモデル

　本事例の支援は5つの段階で構成されている。①虐待の査定と支援機関の選定：虐待の重症度の査定，子どもの保護，適切な支援機関の選択，各機関での支援内容の決定などを行い，地域連携による支援機能の分化を行う。②対等な支援関係の構築：親を問題がある虐待者とせず，「ある社会関係において問題とみなされた人（Identified Patient）」として対話する。③繰り返してきた養育方法の共有：これまでの養育と子どもとの関わりを傾聴し，具体的な養育方法と結果を共有する。④家族の解決像の共有：子どもの養育に望むことを小さく具体的に聞き，その理由について対話する。⑤例外の拡大：親子の養育関係の小さな肯定的変化の対話。家族関係の望ましい変化の共有。このモデルは，児童虐待に対するソリューション・フォーカスト・アプローチモデル（Berg & Kelly, 2000）を基に，筆者が実践してきたものである。5ステップの①～③は同時並行で行われ，ステップ④，⑤と進む。なお事例2のように，ステップ⑤で虐待関係が解決された後で，親が個人相談を希望する場合があるが，他機関と協議の上，再度相談枠を設定することが望ましい。

おわりに

　本稿では教育虐待の家族の支援について述べた。本稿が教育虐待関係に悩む家族の支援に，少しでも貢献できれば幸いである。事例は相談者

から書面による事例研究の承諾をいただいた。心より感謝を申し上げる。

参考・引用文献

Berg, I. K. & Kelly, S. 2000 *Building solutions in child protective services.* W. W. Norton & Compamy, Inc.［桐田弘江・玉真慎子・住谷祐子ほか（訳） 2004 子ども虐待の解決—専門家のための援助と面接の技法．金剛出版社．］

川松 亮 2018 全国児童相談所長会平成29・30年度調査「児童相談所業務の推進に資するための相談体制のあり方に関する調査」中間報告．

厚生労働省 2019 子ども虐待による死亡事例等の検証結果等について（第15次報告），平成30年度の児童相談所での児童虐待相談対応件数及び「通告受理後48時間以内の安全確認ルール」の実施状況の緊急点検の結果について． https://www.mhlw.go.jp/stf/houdou/0000190801_00001.html

みずほ情報総研 2018 親子関係再構築支援実践ガイドブック．

日本小児科学会 こどもの生活環境改善委員会 2014 子ども虐待診療の手引き（第2版）．

西澤 哲 1994 子どもの虐待—子どもと家族への治療的アプローチ．誠信書房．

野村総合研究所 2018 平成29年度子ども・子育て支援推進調査研究事業費補助金 児童相談所及び市町村に対する警察からの児童虐待通告等の実態把握のための調査研究．

政策基礎研究所 2018 平成29年度子ども・子育て支援推進調査研究事業 保護者支援プログラムの充実に関する調査研究報告書．

周 燕飛 2019 母親による児童虐待の発生主要因に関する実証分析．医療と社会，29(1)，119-134．

武田信子 2019 教育虐待（Educational Maltreatment）． https://note.com/nobukot/n/n6e61aa5b71ce

田中理絵 2011 社会問題としての児童虐待—子ども家族への監視・管理の強化．教育社会学研究，88，119-138．

教育における発達障害児と
家族への心理支援

宮﨑　昭

1　定義とアセスメント

発達障害の定義

　文部科学省・厚生労働省（2005）は，発達障害者支援法の施行についての通知によって，対象となる障害を次のように定義している。

　「ICD-10（疾病及び関連保健問題の国際統計分類）における『心理的発達の障害（F80-F89)』及び『小児〈児童〉期及び青年期に通常発症する行動及び情緒の障害（F90-F98)』に含まれる障害」

　この中には，F93 小児〈児童〉期に特異的に発症する情緒障害（分離不安障害，恐怖症性不安障害，社交不安障害などを含む)，F94 小児〈児童〉期及び青年期に特異的に発症する社会的機能の障害（選択(性)緘黙，愛着障害などを含む）なども含まれており，一般的な発達障害の概念を超えた障害に対しても，法令上の支援が求められている。

　さらに，2016年（平成28年）に改正された発達障害者支援法においては，発達障害児・者の定義が次のように定められた。

　「第二条 2　この法律において『発達障害者』とは，発達障害がある者であって発達障害及び社会的障壁により日常生活又は社会生活に制限

を受けるものをいい，『発達障害児』とは，発達障害者のうち十八歳未満のものをいう。」

　こうして，発達障害児は単に発達障害があるという子どもの側の要因だけでなく，社会的障壁という社会の側の事物，制度，慣行，観念その他一切の環境的な要因が合わさって生じる現象とされたのである。

発達障害児と関係者の支援ニーズのアセスメント

　こうした定義に対応した発達障害児のアセスメントを行うためには，医学的な診断と共に，教育や社会的な場面における学習や生活上の困難の状況の理解，さらには環境要因の影響まで含めた生物・心理・社会モデルに基づくことが必要となる。「国際生活機能分類（ICF）—国際障害分類改訂版」（WHO：World Health Organization, 2001）は，心身機能・身体構造ならびに活動と参加の状態を健康状態や環境因子や個人因子と相互作用する生物・心理・社会モデルによるアセスメントツールで，国際的にも通用する。

　支援ニーズのアセスメントにおいては，発達障害児本人のニーズと保護者のニーズ，教育に携わる支援者のニーズが異なっている点に注意が必要である。

　小澤ら（2009）の発達障害児に対する支援研究において認められた子どもたちのニーズは，「活躍したい（注意されたくない）」，「欲求をかなえてすぐにほめてほしい（思い通りにならない時や苦手なことが辛くて感情的になって困ることがある）」，「同年代の子どもと一緒に楽しみたい（仲間外れになりたくない）」であった。一方，宮﨑（2006）のペアレント・トレーニングの支援研究において認められた保護者のニーズは，「学校生活で人にバカにされないか心配（学習の遅れや集団生活の困難，友人関係）」，「家庭生活で親の言うことを聞かない（生活習慣，親子・きょうだい・祖父母等との家族関係，進路）」であった。また，久保山ら（2009）の幼稚園・保育園の保育者の意識調査により認められたニーズは，「他の子と同じ事が出来ない（発達の遅れ，コミュニケーション，日常生活動作）」，「情緒の問題（かんしゃく，ぐずり，大泣きする，こ

だわり，落ち着きがないなど）」，「社会性（集団行動が出来ない，生活の流れに遅れる，乱暴など）」などであった。

　発達障害児とその関係者がそれぞれに困難を抱えており，そのニーズのすり合わせを行って当面の目標を共有するための支援が重要である。

2　学校における発達障害児の教育の動向

　教育における発達障害児の心理支援を行うとき，この10数年の発達障害児・者に対する法令の変化を理解しておくことが大切である。

　学校教育では，基本的に障害がない発達の姿「定型発達」を標準として学年という発達段階に応じた教育課程が編成されている。1年生は1年生の教科書，2年生は2年生の教科書を学習することになっている。4年生になって学年相当の算数の学習が困難だからといっても，3年生の算数の教科書で学習することは許されていない。また，各教科のすべてを学習することとなっている。体育が苦手だからといっても，体育の授業を受けないですむわけではない。

　一方，発達障害のある子どもたちは，定型発達とは異なる特徴がある。そのために，定型発達を前提とした教育課程だけでは調和的な発達が困難な場合がある。障害があるために教育上特別の支援を必要とする幼児，児童及び生徒に対する教育の必要性から，2007年（平成19年）に学校教育法の一部改正がなされて，「第八十一条　幼稚園，小学校，中学校，高等学校及び中等教育学校においては，（中略）障害による学習上又は生活上の困難を克服するための教育を行うものとする。」と定められた。

　また，日本が2014年（平成26年）に「障害者の権利に関する条約」を批准し，「障害者が一般的な教育制度から排除されないこと」，「個人に必要とされる合理的配慮が提供されること」が義務付けられた。こうして，どのような障害児も通常の小中学校の教育から排除されないこととなった。さらに，2016年（平成28年）4月には障害者差別解消法が施行されて「合理的配慮をしないこと」も差別となった。

　2017年（平成29年）3月に改訂された小学校学習指導要領では，第1

章総則の第4「児童の発達の支援」の中に，2「特別な配慮を必要とする児童への指導」が示されて，障害のある児童などへの指導においては，定型発達を基準とした教育課程を柔軟に変更できることとなった。

　しかしながら，竹林地（2014）によれば，小学校の特別支援学級担任者の特別支援教育経験年数は5年以下の教員が67.9％を占めており，特別支援学校教諭免許状保有者も33.3％にとどまっている。また，文部科学省（2018）の調査では，小学校教員の1日当たりの平均勤務時間は11時間15分となっており，4週間で100時間を超える超過勤務をしている教諭が37.4％に上ると推計できる。小学校や中学校における支援に当たっては，学校と教職員が定型発達の教育課程を柔軟に変更できる状況なのかどうか実情を把握しておくことが重要である。

3　教育における個に応じた支援

発達障害の個別の特徴に応じた支援

　学校教育での発達障害児に対する個別の特徴に応じた支援では，教員との連携のもとに進める必要がある。通級指導ならびに特別支援学級では，特別支援学校小学部・中学部学習指導要領第7章に示す自立活動を取り入れることが示されている。自立活動の内容としては，「健康の保持」，「心理的な安定」，「人間関係の形成」，「環境の把握」，「身体の動き」，「コミュニケーション」の6つの区分が示され，個別の指導計画を作成することとなっている。

　心理職は心理臨床のアセスメント知識とストレスマネジメントやソーシャルスキルトレーニングなどの支援技術を活用して，教員と連携した支援を行うことが大切である。

　教科学習に困難がある発達障害児の場合，実態を詳しく観察すると，見え方や聞こえ方や文脈等の統合の仕方などの環境の把握に関する心理学的な問題が推定できる場合が少なくない。教員と共にそうした実態把握に努め，適切な合理的配慮ができる支援を行う。

思春期危機への支援

　第二次性徴を迎えた発達障害の生徒では，様々な症状がより大きく現れやすい。性的な面でも変化しつつある自分の身体とこころについて理解を深め，それを大切にできることが要となる。障害児の性教育では，井上ら（2010）は67％の教員が性教育について「困っていることがある」と回答し，その内容として「教え方が分からない」，「学習の機会がない」，「知識がない」をあげている。心理職として教師や保護者自身がセクシャリティの理解を深める支援を行うことが求められる。

　また，思春期の興奮や攻撃的行動あるいは自傷行為などの問題行動は，性ホルモンの変化により，環境ストレスに対する被害的な受け止め方が過敏となって，衝動的な行動をとってしまっている場合がある。叱責や罰による指導ではなく，まずストレス状況から離れて安全な場所で落ち着く支援が大切である。また，ストレスマネジメントの予防学習を継続的に行うことが必要である。

告知と自己理解の支援

　学校教育においては，学習指導要領の学校運営上の配慮事項として，「障害のある幼児児童生徒との交流及び共同学習の機会を設け，共に尊重し合いながら協働して生活していく態度を育むようにすること」と示されている。そうした教育を進めるためには，まず発達障害児本人への告知と自己理解が必要である。

　発達障害児の自己への疑問として，田中ら（2006）は，小学校低学年ではほかの児童とは異なる特別な支援環境への疑問が多いが，小学校高学年からは他の児童と異なる自分の特性への疑問が加わるとしている。

　自分の特性に名前がつく「告知」は，医師から診断名を本人に伝えることだが，吉田（2004）によれば，診断名告知は一連の医学心理学教育の1つの過程に過ぎないとしている。宮﨑ら（2010）は診断名告知を含む自己理解のプロセスモデルとして，次の段階を示した。

　①　困難の気づきから相談ニーズへ
　②　告知前カウンセリング

③　診断名告知と医療ガイダンス（医師による）

④　告知後カウンセリング

⑤　「個別の支援計画」の作成

⑥　フォローアップ

　教育においては，自分の学習上・生活上の困難に気づいて自分の特徴を知り，支援を求めて学習と生活を豊かにできることが重要である。

進路を開く支援

　高校や大学への入学試験では，大学入試センター試験をはじめとして，発達障害者に対する配慮事項があるところが多くなっている。高等学校の選択では，学年制の進級制度と単位制の違いの理解について支援をしておきたい。発達障害の生徒の中には，自分の興味，関心等に応じて科目を選択し自分のペースで学習に取り組むことができる単位制高等学校が合っている場合も見られる。大学進学に当たって，家から離れてアパートでの一人暮らしをする場合には，生活時間の使い方や金銭管理ならびに新たな地域での支援制度の利用を自己決定するプロセスを支援することが必要になる場合もある。

　さらに，宮﨑（2019）は，高等学校や専門学校あるいは大学を卒業して，満足できる就労と社会生活を創りだすために，次の3点が重要だとしている。

1)　身体的ならびに精神的健康：自分の身体の特徴や精神的特徴を理解して，普段から健康管理に気を配る習慣を養い，生活を整えて，不調の時に相談ができる病院や支援機関を持っていること。

2)　就労能力と移動能力：就労に際しては，仕事を遂行する力量，通勤と仕事を継続できる体力があること，あるいは継続できるための支援があること。

3)　社会的な知恵：生活の自立のためには，自分の情動や意図を振り返り，将来の希望を明確にして，社会の中でそれを実現していく知恵，具体的には結婚などを含む対人関係の知恵と社会制度を利用する知恵を身につけること。

4 発達障害児の家族への支援

発達障害児の親への支援

　中島ら（2012）は，発達障害児の保護者の養育スタイルを検討して，発達障害児の保護者においては，肯定的関わりや相談・つきそいの得点が低く，叱責，育てにくさ，対応の難しさが高い傾向がみられた。また，子どもの問題行動やADHD傾向が高いほど，肯定的関わりや相談・つきそいが低く，叱責，育てにくさ，対応の難しさが高い傾向がみられた。

　発達障害児の保護者に対する支援の1つとして，応用行動分析に基づくペアレント・トレーニングが広く行われている。

　宮﨑（2006）はある発達障害親の会でペアレント・トレーニングを行い，親子関係において，「干渉」，「矛盾」，「心配」，「盲従」，「厳格」の中央値が10パーセンタイル以上改善することを示した。一方，「不一致」と「非難」の中央値が5パーセンタイル悪化し，母親グループに対するペアレント・トレーニングは，子どもに対する関わり方において母親と父親の不一致を広げ，子どもへの非難を高める危険性があることが示唆された。そこで翌年からは父親の会を実施するなどして家族メンバーとの連携をはかるとともに，親のニーズに基づいた多様なテーマを取り上げ，ナレッジ・マネジメントの視点と方法を採用して，親自身の実践の知恵を生かした相互支援活動を組み入れたペアレント・トレーニングを実施した。そこで出されたテーマは以下のとおりである。

① 子どもの行動に対する対応（「甘やかし」と「支援」の違い）
② 興奮する気持ちを落ち着けるストレスマネジメント
③ 友だち関係の困難やいじめの問題への対処
④ 学校との連携，特別支援教育と合理的配慮について
⑤ 家族関係（親子関係，夫婦関係，きょうだい関係，祖父母との関係）
⑥ 生活上の工夫（睡眠，食事，運動，お金や時間の使い方，宿題，片付け，携帯電話の使い方など）

⑦　セクシャリティ（性教育，ジェントルマンなふるまい方，異性と
　　のトラブルを避けるには，など）
⑧　進路とキャリア形成（小・中学校入学，高校入試，大学入試，就
　　労支援の福祉制度や施設）
⑨　告知と自己理解，「サポートファイル」の使い方
⑩　「不安・抑うつ」や「トラウマ」の理解と扱い方
　発達障害児の親は発達障害児と毎日を一緒に暮らして関わりを持って
おり，そこで起こる様々な問題への対応の工夫を行っている。そうした
知恵を分かち合うことは，単に対処スキルを高めるだけでなく，エンパ
ワメントの意義を持つとともに親同士の理解と共感を深める。

きょうだいへの支援

　きょうだいへの支援は，「障害児・者と暮らす同じ立場にあるきょう
だいたちに出会いの場や活動の機会を提供し，きょうだいの心理社会的
な問題の軽減・解決や，障害児・者への理解を促すことを目的とした活
動」（Meyer & Vadasy, 1994）とされている。
　柳澤（2007）は，障害児・者のきょうだいが抱える諸問題の研究を概
観して，支援が必要な心理社会的問題を次のようにまとめている。
　・きょうだいが家庭の中で障害児・者の世話をすることの役割を担っ
　　ていること
　・親が障害児・者の養育に時間を費やし障害児・者に注意を向けるこ
　　とが多いことから，きょうだいは寂しさや不満を感じ，時には自分
　　が親から拒否されていると感じていること
　・自分自身が結婚した後に生まれた自分の子どもが，同じ障害になる
　　のではないかという不安を抱いていること
　・障害児・者の将来の処遇への不安
などである。
　また，障害の理解に向けたきょうだいに対する教育的支援の必要性を
述べている。

文　献

竹林地　毅　2014　小学校特別支援学級担任者の専門性向上に関する調査．広島大学大学院教育学研究科附属特別支援教育実践センター研究紀要，12，75-82．

井上京子・菊地圭子・遠藤恵子　2010　特別支援学校の児童生徒の性に関する調査—教員を対象として．山形保健医療研究，13，83-94．

久保山茂樹・齊藤由美子・西牧謙吾ほか　2009　「気になる子ども」「気になる保護者」についての保育者の意識と対応に関する調査—幼稚園・保育所への機関支援で踏まえるべき視点の提言．国立特別支援教育総合研究所研究紀要，36，55-76．

Meyer, D. J. & Vadasy, P. F.　1994　*Sibshops : Work-shop for siblings of children with special needs.* Paul H. Brookes : Baltimore, Maryland.

宮﨑　昭　2006　軽度発達障害児の親支援プログラムの効果．日本心理臨床学会第25回大会発表論文集，132．

宮﨑　昭　2019　思春期・青年期における発達障害の理解と対応．長谷川啓三・佐藤宏平・花田里欧子（編）　事例で学ぶ生徒指導・進路指導・教育相談—中学校・高等学校編第3版．遠見書房，92-108．

宮﨑　昭・佐藤仁美・小澤真由美　2010　発達障害児に対する告知と自己理解—困難に気づき，誰かに相談し，自分の特徴を受けとめ，生活を豊かにする工夫ができるプロセスモデル．日本心理臨床学会第29回大会発表論文集，49．

文部科学省　2018　教員勤務実態調査（平成28年度）の分析結果及び確定値の公表について（概要）．

文部科学省・厚生労働省　2005　発達障害者支援法の施行について．17文科初第16号，厚生労働省発障第0401008号．

中島俊思・岡田　涼・松岡弥玲ほか　2012　発達障害児の保護者における養育スタイルの特徴．発達心理学研究，23(3)，264-275．

小澤真由美・佐藤仁美・我孫　愛ほか　2009　発達障害児を対象とするSSTプログラム実践—ADHDや自閉症スペクトラムが混在する小集団を対象とした構成的SSTの一事例．山形大学地域教育文化学部附属教職研究総合センター山形大学心理教育相談室紀要，7，1-8．

田中真理・廣澤満之・滝吉美知香ほか　2006　軽度発達障害児における自己意識の発達—自己への疑問と障害告知の観点から．東北大学大学院教育学研究科研究年報，54(2)，431-443．

World Health Organization　2001　*International classification of functioning, disability and health : ICF.* Geneva.［障害者福祉研究会（編）　2002　ICF国際生活機能分類—国際障害分類改定版．中央法規出版社．］

柳澤亜希子　2007　障害児・者のきょうだいが抱える諸問題と支援の在り方．

特殊教育学研究，45(1)，13-23.

吉田友子　2004　高機能自閉症スペクトラムを持つ子どもへの医学心理学教育─診断名告知の位置づけとその実際．発達障害研究，26(3)，174-184.

教育ソリューションバンク

次世代 SFA とメソドロジー

長谷川啓三

はじめに

「SFA は世界にはまだまだ届いていない！」

SFA（Solution Focused Approach）を開拓したスティーブ・ドシェーザーとインスー・キム・バーグ夫妻（DeShazer, S. & Berg, I. K.）は，よく仰っていた。「日本では若い世代のセラピストに，かなりの普及率ですよ！」と申し上げても，その認識は変わらなかった。筆者が30歳代初めの頃からポストドクトリアル研究の１つとして彼らの研究所 BFTC（Brief Family Therapy Center）とミルウォーキーのご自宅，そして日本の私たちの研究所 ITRC（Interactional Therapy & Research Center）で，お２人が亡くなられるまで密度濃く教えを受ける機会に恵まれたが，上の認識は最期まで変わらなかった。

彼らは「面接室の外へ SFA を輸出したい」とも，よく仰っていた。つまり，家族療法の一派として出発した彼らの方法は，もっと上位のシステム，例えば　家族を超えた社会システムに応用ができるものであると自負をし，後続世代に期待していた。

彼らは家族療法の生誕地であるカルフォルニア，パロアルトの MRI（Mental Research Institute）で学んだ。筆者は MRI のレジデントとしてウィークランド先生の隣の部屋に机をいただいていた時にそれを知っ

た。スティーブは MRI 内のブリーフセラピーセンターの実質的なセンター長であったジョン・ウィークランド（Weakland, J. H.）を慕っていた。ウィークランドに献じられた著書もある。

　MRI の方法を学んだ家族療法家は多い。多くの著名セラピストを輩出してきた。ちょっと数えただけでも，南米のミニューチン派は MRI の指導者の一人，ジェイ・ヘイリー（Haley, J.）から学んだ。イタリアのパラツォーリは同じくポール・ワツラウィック（Watzlawick, P.）から学んだ。そしてミルウォーキーのドシェーザー夫妻である。

　現在の地点から見て，ドシェーザーらの方法は，最も広く世界へ伝えられた家族支援の方法の１つであろう。「ブリーフセラピーのグローバルリーチ」と題した宣伝も，彼らの研究所であるミルウォーキーの BFTC 関連の講座案内によく書かれてもいた。しかし，当の本人らの認識は晩年でも冒頭に記したもののようであった。今，筆者も彼らと同じように思う。SFA は，彼らが望んだ，例えば，社会システムへの応用などの方向には一部を除いては展開されていない。むしろ個人療法の１つとして流布を見ている実情は現在も変わっていない。強くそう感じる。

　彼らが学んだ MRI アプローチが，やや指示的で操作的な感じを与えるのに対して，SFA は，そうではない優しさが感じられる。個人療法の代表的な３人のセラピスト，ロジャース，パールス，エリスのうち，ロジャース風な個人療法の展開的な１つとしても，どこかで受け取られ，流布している。そう感じる。歓迎したい。しかし大事なもの，最も大事なものを伝え損ねていると感じる。

　本稿は，そんな現状の進歩に少しでも貢献したいという思いも込めて書かせていただく。彼らは，実はその意味で，筆者らの研究「教育ソリューションバンク（Solution-Bank™）」を機会ごとに紹介してくれた。本稿は彼らの著書にも紹介してくれているものを中心に（Berg & Dolan, 2001），彼らが遺した映像記録も参考にして（Berg, 2020）その方向で深めるものにできればと思っている。

1　教育ソリューションバンク

　教育ソリューションバンクは最初，今も問題になっている学校で起きる「いじめによる自死」とその連鎖を何とか阻止できないものかと考えて始めたものである。

　ベースとしている考え方は，現在はSFAと称されるドシェーザーらの方法と，彼らの出自であるMRIで1956年に出された「二重拘束理論」から生まれた方法，それはフィッシュ（Fisch, R.）博士らによって「ブリーフセラピー（Brief Therapy）」と命名されたが，1986年に，筆者らによってわが国へ初めて紹介されたアプローチである。

　それは，私たちの研究の中でも最も重要な発展の1つであり，研究を計画する基底的なメソドロジー（具体的な研究メソッドを生み出す哲学・方法論）を含む。まずは，教育ソリューションバンクの中にある事例（長谷川，2005）を，一部加筆をして，分かりやすく紹介してみたい。

事例1

　新聞にあった“ソリューション・バンク”欄を読んで，まねをしてやってみました。わたくしどもの中学生になる息子が，家族に暴言を吐いたり物を壊したりします。そんなとき，いつも決まって目がつりあがったようになる事に気づいていました。

　ある日，息子が落ち着いているときになぜ暴れるのかを聞いてみました。

　息子も「わからない」と，ぶっきらぼうに答えます。そこで，いつもの直接的な「やめなさい！」「やめて！」等に代えて「そう，わからないなら，お母さんが教えてあげる」といい，目がつりあがりそうなときに「ほら，そこそこ！」と指摘するようにしました。

　すると，子どもは「ばからしい」といって物を壊すことをしなくなりました。

事例2

　いじめっ子の中心とみられる中学生に授業を休ませ，教頭が一日，話をした。好きなスポーツ選手，家族のことなど楽しい話。いじめについては全く触れなかった。いじめは止まった。（解説）生徒から見ると，このことを契機に先生との間に初めて，「関係」を持つことができた。それも教頭先生との間に。

事例3

　わが子に繰り返されるいじめの中心とみられる子どもの行為についてPTAの中で話してみたら，他の親も同じ事態にあることが分かった。そのことを間接的に聞いた加害側の親が子どもを強く叱り，子どもに謝らせた。いじめはやんだ。（解説）被害生徒の保護はもちろん，加害側への介入が解決を早め，根治につながることが分かっている。

　上記事例は，新聞紙上で展開していた「教育ソリューションバンク」の事例であるが，地方紙で毎週1回の朝刊連載で11年間に及んだ。はじめは「いじめ解決銀行」という名前で出発した。事例2と3には読者のために紙上で短い「解説」をつけている。

2　ブリーフセラピー

　上記の3事例にはソリューションバンクの中心にある「ブリーフセラピー」の原理が示されている。以下に概略を示す。ポイントは「解決行動に変化を導入する」とまとめられる。

　私たちは問題が起きると，その原因を探す。それは自然な心理である。「私の育て方が間違っていたのかしら」とか「お父さんが何も言ってくれないから，ああなった」などと。

　だが，原因探しよりは，いつもの解決行動，これを「解決努力」とブリーフセラピーでは呼ぶが，それに変化を加える。いつもの解決行動に変化を加える。それらは主に2つの方法（メソッド）があるが，筆者ら

は2つの方法を同時遂行する。不登校の事例で説明しよう。

　今，小学生で登校しぶりが始まって間もない頃としよう。問題が起きた家庭で多くとられる解決行動は，まず母親が登校を促し，それで駄目なら父親が登校を促す。叱ったりなだめたりである。

　が，効果がない。こんなことがしばらく続いたとき，ブリーフセラピーではこの親が自然にとる解決行動を批判しないで，むしろ解決への意欲を評価しながら，他の方法の試行を進める。例えば，毎朝，母そして父と進む登校刺激の順序を変えて，先ず父がやり，次に母が催促，と「順序」を入れ換えてみる。「同時」に父母が催促してもいい。解決行動に「時間的な変化」を加えるのである。これを"Do Something Different 介入"と呼んでいる。

　また，かつての同様の問題を思い出してもらい，少しでも上手くいきかけた解決行動を思い出していただく。例えばある家族は，「そういえばたまたまですが，お父さんが，病気で会社を休まなければならないと夕食時に話していたその翌朝に登校したことがあります。こちらからは催促しないのに，自分から起きて行き，少し不思議な感じもしました」と。夕食は家族皆でとれるこの家族への介入は，「前夜に父の身体を気遣う話をすること。父は余り良くないことを強調する話し合いにする」であった。それだけで問題が解けた事例がある。これを問題の"例外"を探し，それを繰り返してみる。"Do More 介入"と呼ぶ。

　筆者らは上記2つの介入を同時に進める「ダブルディスクリプション／二重記述的介入」という方法で，低くはない成果を上げてきたが，セラピー自体の具体的な進め方については本稿の重点ではないので，他の文献に譲る。

　ところで「教育」とは国家という社会的システムの経営に関わる，いわばインフラの最重要の1つである。欠かすことが出来ないサブシステムと言える。

　本稿で述べる教育に関わる「ソリューションバンク」はそんなサブシステムの経営のために，ブリーフセラピーの考え方と方法を適用したものと言える。

それは面接室を超えて試みられた，結果的に，より大きな社会システムを相手にした「実験」になっていった。

3 社会心理学的な実験
——ソリューションバンクの原理と展開

　筆者らが教育ソリューションバンクという活動を始めるきっかけとなったのは，Ｏ君という利発で友人思いの中学２年生が，いじめにあい遺書を残して自死したことだった。1994年。それは，両親が解決へ向けて精一杯の努力をした果ての自死であった。自死の前に父親が相手方の家族に抗議したが，相手方は「子ども同士の問題に親が出るなんて」と相手にしなかった。見かねた母がクラス担任に相談。教師は「子ども同士の仲をよくすればいいだろう」と考えて，教師が仲介をしながらＯ君をこのいじめっこグループに再度入れた。しかし教師の目のないところでいじめは続く。そしてＯ君は，どうしようもなく，というよりは自己流の解決の一方法として自身を犠牲にする道を選んだ。筆者らはそう考えて同種の問題にアプローチしている。

　この遺書がマスコミを通じて大きく報道された。すると各地で同様の状態におかれていた子どもたちが遺書を書いて自死することを「まね」，自死が「連鎖」した。ある教育団体は報道を自粛すべしとアピールを出した。すると報道側は「問題の隠ぺい」だと叫んだ。

　「実験」は1997年の夏，ＮＨＫのある地方局のテレビスタジオにおいて遂行された。

　放送は，視聴者が多く放送のゴールデンタイムと呼ばれている午後８時台であった。「報道特別番組・いじめ」。スタジオ内に電話とファクスを約10台持ち込み，その地方でもあったいじめに関する遺書，自殺を報道しようとした。「私たちの県でもこんないじめがあります」という情報をリアルタイムで視聴者から得ることで，問題の深刻さと緊急性を出そうとしていたように筆者は感じた。

　専門家としての参加者である筆者は，事前に番組の制作者と大いに議

論をした。

「問題を集める」のとは反対のスタイルで番組をつくろうと提案した。以下のような提案である。

① 良循環を生起すること。問題ではなく，いじめの解決事例を報道し，その連鎖，つまり「いい解決の連鎖」がつづいていくような番組をつくりたい。

② そのために2週間前から他の番組でもテロップを流す。「いじめ解決事例をお知らせください」と。

③ 問題事例でなく集まった解決事例の分析をし，それをさらに報道する。つまり徹底して解決を志する番組である。

さて，ここで一番の心配はそもそも解決事例が集まるかどうかであった。面接室では「例外」は出てくる。しかし面接室を超えた社会の中では，どうか。

文中，"Exception（例外）"とはブリーフセラピーの重要概念の1つで，ここでは次のように簡単に説明しておきたい。

それは，どんな深刻な問題状況でも，大抵は「問題が起きていないときや，それが軽度のとき，また問題が解決している瞬間が見つかるものである」という短期療法／ブリーフセラピストの臨床体験からくる。実際の臨床場面では，この例外は必ず存在すると，一種の「信念」のような感じで臨むことで成功することが多い。

私たちは1986年の第3回日本家族心理学会へのドシェーザー夫妻の招へい以来，「例外」に基づくブリーフセラピーの経験がある。それは面接室という治療システム内でのことである。しかし，テレビというメディアを中心にした社会システムで，それも比較的短時間のうちにその「例外」が集まるものかどうか。また，ねらい通りに解決事例が集まったとして1例や2例といった程度の量だろうか。そんな量でも私たちには大きな「例外」である。しかしテレビ番組としては成功とは言えない等々，不安はつのる。

前述したが，あきらかに，これは最初に考えたものよりも大きなシステムを相手にした一種の社会心理学的な実験計画になっていた。

4 結 果

さて結果は，250件近い事例の報告があった。うち25例が解決事例であった。10％である。

「担任ではなく教頭先生に話したらよい結果だった」

「1人でなく応援してくれる友だちと2人で先生に話したらうまくいった」

「クラス会でとりあげてもらった」

「テレビを見て勇気づけられた」等々。

局としては大成功だと喜んでくれた。新しい報道番組の方法だとも。

問題ではなく「解決」が連鎖している。それも社会的規模で。もちろん，寄せられた事例はそのままでは汎用性のあるものではない。しかし，解決事例が存在するということを知らせることが，先ずは重要な効果を持つと考えている。地元の最大新聞紙面での11年に互るコーナー「教育ソリューションバンク」はこの成功を得た後に企画遂行されたものである。

5 加害側への「教育的介入」と「いじめ防止対策推進法」，そして大津市の真摯なる進歩性

さて，令和2年の現在。いじめ自死は決してなくなってはいない。むしろ注目をされ，同様の報道自体は多くなったと読者の皆さんも感じておられると思う。

本稿の執筆時点で，筆者が居る市でも，残念ながら最近になって，自死が相次いで報道された。市の教育長は2度にわたり文部科学省でその対策不備の注意を受けている。市長もまた注意を受け，2期を終えて降板した。新市長候補の選挙戦は，その対策が最大の論争点であった。

2011年10月に滋賀県大津市でもいじめ自死が起きた。市内中学生2年男子が，同級生3人を中心とする集団から執拗ないじめにあい，自宅マ

ンションから飛び降りた。

　凄惨ないじめで，体育館で男子生徒（被害生徒）の手足を鉢巻きで縛り，口を粘着テープで塞ぐなどの行為の他，被害者宅を訪れ，自宅から貴金属や財布を盗んだ。被害者は自殺前日に自殺を仄めかすメールを加害者らに送ったが，加害者らは相手にしなかった。そして男子生徒は10月11日，自宅マンションから飛び降りる自死を選んだ。

　学校と教育委員会側の対応が問題視された。当初自殺の原因はいじめではなく家庭環境の問題としていた。が，その後の越直美市長と大津市教育委員会の猛反省と対策の整備は大いに評価に値するものになっている。最近も大津市は AI を用いて，生徒をして，いじめ加害側にさせない，配慮のある調査法の試案を遂行し始めたことが伝えられた。

　大津市の問題を契機に，国は「いじめ防止対策推進法」を施行することになる。この法律の成立も難航したというが，なんとか施行にこぎつけて現在に至っている。

　法律の中に，犯罪行為として扱うべきいじめがあったと認められる場合の所轄警察署との連携，懲戒・出席停止制度の適切な運用等が定められた。筆者は加害側への対応が初めて具体的に定められたことは評価できると考えている。これまではいつも被害側へのケアだけに関心が当たってきた。

　大事なのは加害側への教育的対策である。ソリューションバンクの集積でも加害側への介入が有効であるものが多い。いじめを行った者はその傾向が長く続き，将来の社会的地位，収入も低いといった相関研究が先進国で少なくない。親が子どもの悪行をその時点で直しておく，というのが先進国のスタンスだ。

　警察の所掌事にされる前に，いじめっこへの「教育的介入」と呼ぶべき対策モデルを示すべきである。上記の３事例に示したような事例を体系的に集め分析し，使い易いモデルとして示すべきだと考えている。震災での地域支援を経験した私たち家族臨床家，とくに SFA をラディカルに理解し実践してきた臨床家は日常の家族面接は勿論，社会システムへの介入を想定した研究と実践が要求される場所に居る。

文　献

Berg, I. K.　2020　コ・ラボラティブ・スーパービジョン DVD．ITC 家族心理研究所（http://www.solution.gr.jp）．

Berg, I. K. & Dolan, Y. M.　2001　*Tales of solutions : A collection of hope-inspiring stories*. W. W. Norton & Company : New York.［長谷川啓三（監訳）2003　解決の物語―希望がふくらむ臨床事例集．金剛出版．］

長谷川啓三　2005　ソリューション・バンク―ブリーフセラピーの哲学と新展開．金子書房．

日本ブリーフセラピー協会（編）　2019　Interactional Mind, XII（2019）―ブリーフセラピーテキスト＆ワーク改訂版．北樹出版．

チーム学校での効果的な援助

矢口大雄

はじめに

　初等中等教育では，これまで学習指導と生徒指導を中心に教員間の連携が図られてきた。そして近年では，教員以外の専門スタッフを含めた「チーム学校」の実現に向けた組織作りが進められている。

　そこで，本稿では，チーム学校の視点からスクールカウンセラーの役割と効果的な援助について考えてみたい。

1　チーム学校

チーム学校とは

　チーム学校は，文部科学省中央教育審議会が2015（平成27）年12月に取りまとめた「チームとしての学校の在り方と今後の改善方策について（答申）」（文部科学省，2015）に端を発する。近年，学校の抱えている課題が複雑化・多様化し，教員だけで対応することが困難になっている現状に鑑みて，心理や福祉等の専門スタッフを学校の職員として配置し，関係機関，地域と連携し，「チームとして」課題解決に取り組むことが求められている（図1）。この答申を受けて，2017（平成29）年に学校教育法施行規則が改正され，スクールカウンセラー（以下，SC）は，

「学校における児童の心理に関する支援に従事する」，スクールソーシャルワーカー（以下，SSW）は，「学校における児童の福祉に関する支援に従事する」と同規則に職務内容を規定し（中学校，高等学校等にも準用），SC と SSW は「学校の職員」として位置づけられた。

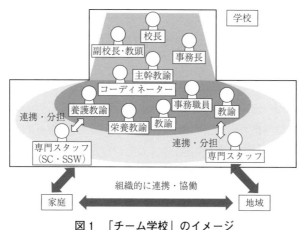

図1 「チーム学校」のイメージ
（石隈，2016：文部科学省，2015の図を修正）

　チーム学校は，学校と家庭，地域との連携・協働によって子どもの成長を支えていく体制を作ることであり，学校内では他職種との連携・協働，学校外では警察や児童相談所などとの連携が求められる（増田，2017）。しかしながら，チームで動くとなると，その構成員はチーム全体がどういう状況で，どう動こうとしているのかがわからなければ役割が十分に果たせない（吉村，2018）。
　そのため，チーム学校では，全ての教職員がチームの一員であるという自覚を持つとともに，教育の推進と課題解決に向けた目的を共有し，教職員の役割を明確にし，チーム学校として効果的に機能していくことが求められるといえる。

学校の現状と課題
　わが国の子どもたちは，自己肯定感や学習意欲，社会参画の意識など

が国際的に見て低いことが指摘されている（文部科学省，2015）。そのため，学校・家庭・地域社会が一体となり，子どもたちの発達段階や個々の特性に応じた関わりをそれぞれの立場や役割の中で果たし，子どもたちが社会の中で生きる力（確かな学力・豊かな人間性・健康と体力）を育んでいくことが課題となっている。

2　チーム学校における連携・協働と関係調整

チーム学校におけるスクールカウンセラーの役割

　亀口（2017）は，伝統的な個人のプライバシー保護を最優先する心理職は，多職種連携での共同守秘義務を原則としたチーム・アプローチに消極的になりがちであると指摘している。その一方で，心理職に期待される役割として，職場や組織での人間関係の改善やコミュニケーションの促進，あるいは地域社会での予防的対応や啓発を目的とした各種の心理教育的プログラムをあげている。また，増田（2017）は，SCの活動を「①児童生徒への直接的な支援活動」「②児童生徒への間接的な支援活動」「③学内の多職種（主に教員）との協働活動」「④学外組織との連携活動」「⑤研修講演活動」に分類しており，チーム学校のSCは③④を推進していく必要があるとしている。

　チーム学校の中でSCが専門性を発揮していくためには，学内外での連携・協働や関係調整を意識した活動に加えて，予防的対応や啓発を推進していくことで，多面的な機能を果たすことができると考える。

チーム学校における連携・協働

　ヘイズら（2001）は，協働の維持にはオープンであることが必要であり，一般的に，協働には，相互性，目標の共有，リソースの共有，広い展望を持つこと（広い視野で考えること），対話というような主要な原則があるとしている。チーム学校では，教員と専門スタッフが連携・協働するため，それぞれの役割や専門性を生かしていくために，異なる視点を共有することが重要であり，新しい視点が加わることにより，チー

ムとしての支援の方向性が見出されることが期待できる。

　ここで，チーム学校で連携・協働する際に，効果的な方法として，エコマップ，ジェノグラム，家族ライフサイクルを取りあげたい。

　まず，エコマップがある（図2）。エコマップとは，家族を取り巻く社会資源との関係性を目で見える形で表すものであり，作成することにより，関係機関の役割やネットワークを組んでいくうえでの手がかりになる（早樫，2016）。この視点を取り入れることにより，それぞれの役割を明確にすることができる。

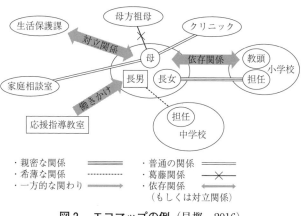

図2　エコマップの例（早樫，2016）

　次に，ジェノグラム（家族関係図）である（図3）。ジェノグラムを作成することにより，児童生徒を取り巻く家族関係を整理することができ，個人や家族を多面的にアセスメントすることが可能となり，チーム学校としての対応や援助方針を立てやすく，またその方向性を見出すことにもつながる。

　そして，家族ライフサイクルの視点である。児童生徒だけでなく，保護者を含めた家族全体のライフサイクルに視点を向けることで，子どもたちや家族の複雑に絡み合った問題への理解をより広く捉えることにつながる。例えば，丹治ら（2004）は，小学校高学年から高校にかけての時期は，子どもだけでなく親にとっても安定の崩れる時期であり，中年

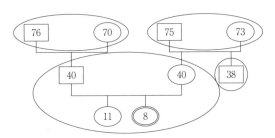

図3　ジェノグラム（家族関係図）の例

期に入り心身の衰えの自覚や子離れに伴う役割喪失感など，改めて自分を見つめざるを得ないと指摘している。また，半田（2019）は，保護者がチームに加わることにより，家庭の環境や家族関係など，学校以外での様子をうかがうことができ，子どもの理解を深めるとともに，援助方針を立てやすくなり，援助の評価や修正も行いやすくなるとしている。

　このように，家族ライフサイクルの視点を持ち，チーム学校に保護者を加えることで，より多面的なアセスメントやアプローチが可能になることが考えられる。

3　チーム学校での効果的な援助

すべての児童生徒を対象とした心理教育

　石隈（1999）は，学校における児童生徒を対象とした心理教育的援助サービスを3段階に整理した（図4）。さらに，家近ら（2018）は，心理教育的援助サービスについて，次のように述べている。一次的援助サービスは，「すべての子ども」を対象に行う発達促進的，予防的な援助サービスであり，二次的援助サービスとは，登校しぶり，学習意欲の低下，学級での孤立など，学校生活で苦戦し始めている，あるいは転校生など苦戦する可能性が高い「一部の子ども」の援助サービスになる。そして，三次的援助サービスは，不登校，いじめ，非行，虐待などの問題状況により特別な援助ニーズを持つ「特定の子ども」への援助サービスである。

図4　3段階の心理教育的援助サービス，その対象，および問題の例
（石隈，1999）

　従来の心理的支援では，二・三次的援助に重点があったことを考えると，一次的援助サービスがSCの役割であることを，他の教職員に理解されていない可能性がある。そのため，SCはすべての子どもを対象とした援助もSCの役割であると位置づけてもらえるような取り組みが必要であると考える。具体的には，SCからすべての児童生徒を対象とした心理教育に関する授業や研修内容一覧（ソーシャルスキルトレーニング，アンガーマネジメント，アサーションスキルトレーニング，ストレスマネジメント，ピア・サポート活動など）の提供，管理職や教職員から学校・学級全体のニーズを確認すること，養護教諭と連携して保健委員会活動に参加すること，道徳や保健体育の心理教育に関する授業内容を共有すること，などである。また，SC自身が授業や研修を引き受けるだけでなく，教師の心理教育に関する授業を補佐することも可能だと考える。

個人情報の取り扱い（守秘義務と報告義務）

　SCが職務上知り得た情報のうち，学校が児童生徒に対する指導や支援を行うために必要となる内容は，学校全体で管理することが基本となるため，学校に報告することが必要となる（文部科学省，2017）。その一方で，SCは個人情報や相談内容については，自傷他害のおそれがあ

る場合などの例外を除いては，守秘義務を守らなければならない。その
ため，SC は，児童生徒の相談において守秘義務があると同時に，チー
ム学校の一員として，報告義務や情報共有を行うことが求められている。
　本田（2015）は，守秘義務と報告義務の取り方を考えていく必要があ
るとし，石隈（2008）の考えを図 5 と図 6 のようにまとめた。図 5 では，
守秘義務は内面的な悩みの詳細，報告義務は当該生徒に関する客観的な
こと（当該生徒と面接を行っている，面接での目標など）としている。
図 6 では，学校における情報共有の範囲を，当該生徒と SC，援助者
チーム（集団守秘義務），学校全体の 3 段階に分けて整理した。

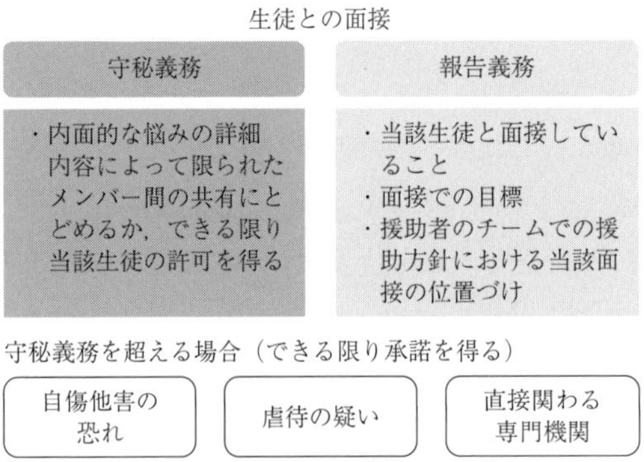

生徒との面接

守秘義務	報告義務
・内面的な悩みの詳細内容によって限られたメンバー間の共有にとどめるか，できる限り当該生徒の許可を得る	・当該生徒と面接していること ・面接での目標 ・援助者のチームでの援助方針における当該面接の位置づけ

守秘義務を超える場合（できる限り承諾を得る）

自傷他害の恐れ	虐待の疑い	直接関わる専門機関

図 5　学校における守秘義務と報告義務のバランス
（本田，2015：石隈，2008の考えをもとに作成）

【学校全体】
子どもの危機状況（自殺未遂，など）
教育方針（相談室への登校開始，など）
【援助者のチーム（集団守秘義務）】
話し合いで得られた情報
チーム外にも知らせる情報も確認する
【1：1（私とあなた）】
内面的な話題
守秘されることが
信頼関係の基盤となる

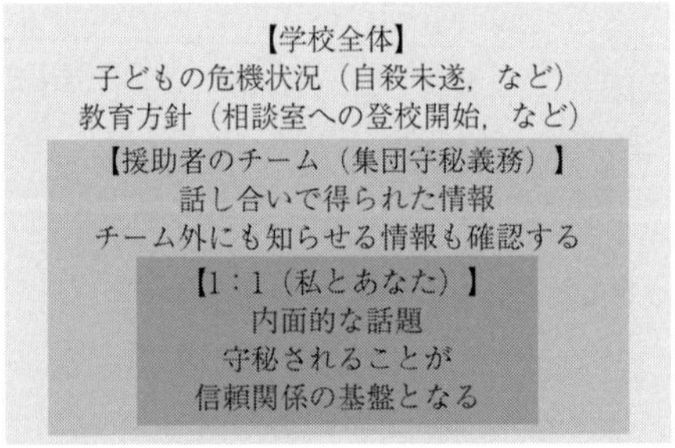

図 6　学校における情報共有のレベル
（本田，2015：石隈，2008の考えをもとに作成）

SC は，相談内容に応じて，守秘義務と報告義務を整理し，情報共有の範囲を判断しながら，チーム学校として取り組んでいくことになる。その際，SC には，誰か第三者から問い合わせを受けて慌てるのではなく，こちらからプランを立て，問い合わせを予想してクライエントと検討するという姿勢が求められる（金沢，2017）といえる。

おわりに

　本稿では，チーム学校での効果的な援助をテーマに取りあげた。多職種との連携・協働には，エコマップやジェノグラム，家族ライフサイクルなどの共有が図りやすく，有効な視点を取り入れることが相互理解や信頼関係を築き，同じ方向性を見出すことにつながると考える。また，チーム学校の一員である SC が個人情報の取り扱い（守秘義務と報告義務）について整理し，チーム全体で検討していくことが必要である。そして，SC の役割として，すべての児童生徒を対象とした予防啓発等の心理教育の活動が積極的に取り入れられていくことを今後期待したい。

文　献

半田一郎　2019　スクールカウンセラーのための「チーム学校」入門(6)［最終回］「チーム学校」における保護者との連携．こころの科学，208，96-101．日本評論社．

早樫一男　2016　対人援助職のためのジェノグラム入門─家族理解と相談援助に役立つツールの活かし方．中央法規出版，26-27．

ヘイズ，R.・高岡文子・ブラックマン，L.　2001　協働（コラボレーション）の意義─学校改革のための学校─大学間パートナーシップ．亀口憲治(編)現代のエスプリ　学校心理臨床と家族支援，407，99-112．至文堂．

本田真大　2015　援助要請のカウンセリング─「助けて」と言えない子どもと親への援助．金子書房，89-90．

家近早苗・加藤伸司・種市康太郎ほか　2018　教育分野における心理社会的課題と事例検討．一般財団法人日本心理研修センター(監修)　公認心理師現任者講習会テキスト（2018年版）．金剛出版，94-96．

石隈利紀　1999　学校心理学─教師・スクールカウンセラー・保護者のチームによる心理教育的援助サービス．誠信書房，144-158．

石隈利紀　2008　秘密保持と情報の共有─チーム援助の視点から．児童心理，

2008年4月臨時増刊，69-75．金子書房．

石隈利紀　2016　「チーム学校」における連携—スクールカウンセラーの役割と課題．臨床心理学臨時増刊号，33-35．金剛出版．

亀口憲治　2017　日本における支援者支援と多職種連携の方向性．家族心理学年報35 個と家族を支える心理臨床実践Ⅲ—支援者支援の理解と実践．11-19．金子書房．

金沢吉展　2017　臨床心理学の倫理をまなぶ．東京大学出版会，176-177．

増田健太郎　2017　チーム学校とスクールカウンセラー——SC が学校現場で機能するための視点．こころの科学，193，2-7．日本評論社．

文部科学省　2015　中央教育審議会 チームとしての学校の在り方と今後の改善方策について（答申）．

文部科学省　2017　教育相談等に関する調査研究協力者会議　児童生徒の教育相談の充実について—学校の教育力を高める組織的な教育相談体制づくり（報告）．

丹治光浩・渡部未沙・藤田美枝子ほか　2004　心理臨床実践における連携のコツ．星和書店，53．

吉村隆之　2018　チーム学校におけるスクールカウンセリングと小学校の学級の荒れの回復．心理臨床学研究，36(4)，441-451．

教員のメンタルヘルス
リフレクティング・プロセスを活用した
事例検討による教師の成長支援

久保順也

1　日本の教員の労働環境

教員の仕事時間の国際比較

　昨今，日本の学校教員の過酷な労働環境が話題となっている。たとえば2019年に発表されたOECDによる国際教員指導環境調査（OECD, 2018）では，調査参加国・地域の中学校教員の1週間あたりの仕事時間は平均38.3時間であるのに対して，日本の小・中学校教員はそれぞれ平均54.4時間，56時間となっており，調査に参加した48か国・地域で最長であった（国立教育政策研究所，2019）。また，教員の担当する授業時間は日本と他国で大きな差は見られないものの，中学校における課外活動時間（7.5時間；OECD平均は1.9時間），事務業務時間（小学校5.2時間，中学校5.6時間；OECD平均（中学校）は2.7時間），さらに授業計画準備時間（小学校8.6時間，中学校8.5時間；OECD平均（中学校）6.8時間）となっており，これらも調査参加国・地域中で日本が最長である（国立教育政策研究所，2019）。つまり，日本の学校教員の仕事のうち，課外活動や事務業務といった，授業時間以外の負担が大きいことが分かる。

部活動指導の負担の大きさ

課外活動の中でも，中学校の部活動指導にあたる教員の負担の大きさ
も注目される。「教員勤務実態調査」の分析結果（文部科学省，2018）
によると，中学校教員の部活動・クラブ活動の業務時間の平均は平日41
分，土日2時間9分となっており，特に土日の業務時間は10年前の2006
年度よりも1時間以上増加している。そもそも，教員全員が部活動の顧
問に当たることを原則としている中学校が87.5%あり（スポーツ庁，
2016），かつ若手教員で部活動顧問を務める者ほど勤務時間が長いこと
が示されている（文部科学省，2018）。運動部顧問を務める中学校教員
の夫が，土日祝日問わず部活動に駆り出される結果，その妻子が夫不在
で取り残されてしまう様は「部活未亡人」と呼ばれる。正課の授業以外
にも及ぶ教員の過多な業務負担は，その家族との家庭生活や人生にも大
きな影響を及ぼしている。

教員のメンタルヘルス対策

こうした労働環境でメンタルのバランスを崩す教員も多い。文部科学
省（2019）によると，平成30年度の教員の精神疾患による病気休職者数
は全国で5,212人であり，これは全教員数の0.57%に該当する。また，
教員の年代別の精神疾患者割合（同年代在職者のうち精神疾患者の割
合）は，20代教員が全年代中で最も高い1.25%であり，次いで30代教員
の1.19%であった（文部科学省，2019）。

状況を改善するために国も動いている。2019年12月には改正教職員給
与特別措置法（給特法）が成立し，法的な面からも教員の働き方改革も
進められようとしている。ただ，この改正の問題点を指摘する声もあり，
実際に教員の労働時間や業務の削減に繋がるかどうか今後も注視が必要
である。

このような法や制度の整備・改善と並行して，教職員のメンタルヘル
ス対策も行われている。たとえば，「教職員のメンタルヘルス対策につ
いて（最終まとめ）」（文部科学省教職員のメンタルヘルス対策検討会議，
2013）では，予防的取組として「セルフケアの促進」「ラインによるケ

アの充実」「業務の縮減・効率化等」「相談体制等の充実」「良好な職場環境・雰囲気の醸成」等が提案されている。これらのうち特に，教員自身のセルフケアおよび職場内の相互支援（ラインによるケア）のスキルを身に付けた教員を育成することが養成段階で必要と考える。そこで本稿では，筆者が教員養成教育の現場で行っている試みを紹介したい。

2　家族療法およびリフレクティング・プロセスを活用した事例検討

学校教員が家族療法を学ぶ意義

筆者は教職大学院にて，現職の学校教員の院生やストレートマスター（大学学部から教職大学院に進学して学校教員就職を目指す大学院生）を指導している。担当授業では，教育相談やカウンセリング，特に家族療法・短期療法の視点を学校現場で教員が活用する方法について講義している。学校教員が家族療法や短期療法を学ぶメリットは，個対個の視点に陥りがちな教育相談にシステムの視点を取り入れることで，学校や家庭，地域コミュニティを含むシステム全体を俯瞰する姿勢を身に付けられることである。教員としての自分をメタ位置から捉え直すことでセルフケアにも繋がり，かつチームとして事に当たる姿勢も身に付けることができる。そのための演習として，家族療法・短期療法のカウンセリング・スキルを実際に体験するロールプレイを行っている。これは通常のロールプレイではなく，アンデルセン（Andersen, 1991）によるリフレクティング・プロセス，および三澤（2008）の提唱するツイン・リフレクティング・プロセスによる事例検討会にヒントを得て，より構造化した事例検討会である。

事例検討会の構造

事例検討会は，教職大学院の授業90分間の中で行われ，①セッション1（20分），②リフレクティング・プロセス（10分），③セッション2（20分），④フィードバック（数分），の順に進められる。まず①セッ

ション1では，クライエント役となる現職教員が，過去に自身が学校現場で体験した事例を提供する。心に引っかかったままの事例であったり，他の対応方法について再検討したい事例であったりする。対話相手のセラピスト役は，家族療法・短期療法の技法を用いて面接をリードすることを求められており，セラピスト役にとっては教育相談スキルを磨く訓練になる。

　この対話の様子をリフレクティング・チームのメンバー（4人程度）および他の授業参加者は観察しており，その後②リフレクティング・プロセス，つまりリフレクティング・チームによる対話が行われる。これにより新たに多様な視点が提示されるため，その後の③セッション2でクライエント役とセラピスト役は新たな視点を得て対話を継続することができる。最後に④フィードバックにて，面接のまとめを行う。これら一連のプロセスは，いわば参加者全員による共同作業で事例を再構成していく過程である。

　以下に，ある日の事例検討会の様子を描写する。なお参加者や事例登場人物のプライバシー保護のために，事例の内容は改変を加えている。

事例の提示

　この日の事例提供者であるクライエント役は，30代女性の小学校教員Aである。過去に自身が担任した小学2年生男児Bへの対応について振り返ってみたいと事例を提供することになった。対話相手のセラピスト役は，40代女性の高校教員が務めた。

①　セッション1

　セッション1では，クライエント役とセラピスト役の二者により事例について対話が行われる。セラピスト役の「今日はどんなことについてお話したいですか？」という問いかけの後，クライエント役は以下のように事例の概要を語った。

　男児Bは落ち着きがなく，授業中に立ち歩いたり，周囲の子にちょっかいを出したりする子であった。トラブルが起こるたび，教員AはBの話を丁寧に聞きながら対応し，Bは落ち着きを取り戻すことができてい

た。

　学級にはBの他にも配慮の必要な児童が複数名いたため，補助の教員Cが加配されていた。教員Cは50代のベテラン女性教員である。授業のメインの進行は学級担任である教員Aが行い，教員Cは教室内を回りながらB等の配慮の必要な児童のそばについてサポートしていた。Bらがトラブルを起こすと，教員CはBに対して厳しく指導し，一方的に叱責することが多かった。最初のうちは教員Cの指導に従っていたBも，次第に話を聞かなくなり，終いには口答えをしてその場から逃走するようになった。

　夏休み明けにはBによる問題行動が多発するようになり，他の児童もつられて騒いで学級全体が落ち着かなくなっていった。学年会議ではBらへの指導方針について検討され，ルールを守るよう児童に促しつつ，一方で良いところや得意な面を引き出して学級内で共有していくという方針を教員全員で確認した。教員Cも会議に参加しており，この方針を共有したはずであった。

　しかしその後も，教員CのBに対する対応は改まらず，相変わらず厳しく叱責するだけであった。Bの反応も，より反抗的なものになっていった。教員Aはこの状況を問題だと感じながらも，Bや教員Cに対してどう対応したらよいか分からず悩みを募らせていった。結局，Bはその後登校を渋るようになってしまった。こうした経過を辿った事例を振り返り，改めてどう対応すべきであったか考えたい，というのが教員Aの趣旨であった。

② リフレクティング・プロセス

　続いてのリフレクティング・チームによるリフレクションでは，セッション1を聞いて感じた疑問や感想が述べられる。クライエント役を傷つける発言をしないこと，断定的な発言は避けること，意見を収束させるのではなく拡散させること，といったルールの下で多様な意見を述べることが推奨される。

　リフレクションでは，「教員AはBと教員Cとの間に挟まれて苦労しながらもよくやっている」「ベテランである教員Cに対して，若手の教

員Aから意見することは難しかっただろう」「教頭や校長ら管理職は，教員Cに対して指導できないのだろうか」「教員Aは，校内のバックアップ体制に対して不満はなかったのだろうか」等の意見や疑問が提示された。

③　**セッション2**

セッション2では，再びクライエント役とセラピスト役の二者により対話が行われる。セラピスト役の「先ほどのリフレクションを聞いて，どんなことを考えましたか？」という問いかけに対し，教員Aは以下のように語った。

リフレクションを聞いていて，もしかしたら自分は学校のバックアップ体制に不満を感じていたのかもしれない。教員Cに対する怒りや，Bをうまくサポートしてあげられない悩みは自覚していたが，学校や学年という背景についてまで考えたことはなかった。管理職がもっとしっかり教員Cへの指導を行ったり，学級担任をサポートしてくれていれば，自分一人で悩まなくて済んだかもしれない。また，教員Cはベテランだが，実は小学校低学年の指導経験はそれほど多くなかったことを思い出した。C自身もBに上手く対応できないことを悩んでいたのかもしれない。そう考えると，自分の悩みと教員Cの悩みは共通するところもあったと思う。

セラピスト役は，上記のような気づきを引き出すために，ソリューション・フォーカスト・アプローチのスケーリング・クエスチョンやコーピング・クエスチョン等を援用して対話を進める。最後にセラピスト役から，「当時のあなた自身に対して，現在のあなたからどんな言葉をかけてあげたいですか？」と尋ねると，教員Aは少し考えた後，「よく頑張っている。一人で抱えなくていいんだよ，と言ってあげたい」と語った。

④　**フィードバック**

フィードバックでは，事例検討を振り返って短時間でまとめを行う。実際には，セッション2の終了後，フィードバックに入る前に一度ブレイクを入れて，参加者全体で簡単な振り返りを行う。どうしたらクライ

エント役をエンパワメントできるか，フィードバックとしてクライエント役に伝えたいことは何かについて参加者全員で検討される。ここで出た方針に沿って，フィードバックではセラピスト役からクライエント役に対してコンプリメントが行われる。

この日のフィードバックでは，セラピスト役から「今日，この場をどのように体験されましたか？」とクライエント役に尋ねて振り返りを求めた。それに対して教員Aは，「当時の対応について，参加者からいたわりの言葉をもらったり，新たな視点から捉え直したりすることができて有意義だった。視野を広く持って考える重要性に気づいた」と語った。

このフィードバックの後，残りの授業時間では再び参加者全員により事例検討全体の振り返りを行い，筆者の考察等を述べる時間を持つのだが，ここでは割愛する。

結　び

事例検討の中で，参加者たちは対話を観察し，それに対してリフレクションをする。さらにそのリフレクションを観察し，それについてまた対話する。この過程は家族療法やリフレクティング・プロセスに特徴的なユニークな面接構造である。他者との外的対話と，自己の内的対話を行き来しながら，事例や自分自身を俯瞰して新たな知見を得ることで，学校教員として身に付けるべき教育相談スキルの向上が期待される。特に，ミドル・リーダーとして教育現場に復帰していく現職教員らには，若手教員をサポートして育成する役割を担っていってもらいたい。教員自身が自らを守り成長し（セルフケア），かつ校内でチームとして支えあいながら若手教員を指導・支援していくこと（ラインによるケア）が，次世代の教員育成にも繋がる。この授業での取り組みが，そうした良循環に繋がることを期待している。

文　献

Andersen, T.　1991　*The reflecting processes : Conversations and conversations about the conversations.* W. W. Norton & Company : New York.［鈴木

浩二（監訳）　2001　リフレクティング・プロセス―会話における会話と会話．金剛出版．]

国立教育政策研究所　2019　OECD国際教員指導環境調査（TALIS）2018報告書―学び続ける教員と校長―のポイント．
https://www.nier.go.jp/kenkyukikaku/talis/pdf/talis2018_points.pdf（2020年1月14日閲覧）

三澤文紀　2008　心理臨床家のための新しいケース検討の方法―リフレクティング・プロセスを応用した「ツイン・リフレクティング・プロセス」．矢原隆行・田代　順(編)　ナラティヴからコミュニケーションへ―リフレクティング・プロセスの実践．弘文堂．

文部科学省教職員のメンタルヘルス対策検討会議　2013　教職員のメンタルヘルス対策について（最終まとめ）．
https://www.mext.go.jp/component/b_menu/shingi/toushin/__icsFiles/afieldfile/2013/03/29/1332655_03.pdf（2020年1月14日閲覧）

文部科学省　2018　教員勤務実態調査（平成28年度）の分析結果及び確定値の公表について（概要）．
https://www.mext.go.jp/component/b_menu/shingi/toushin/__icsFiles/afieldfile/2019/03/08/1412993_18_1.pdf（2020年1月14日閲覧）

文部科学省　2019　平成30年度公立学校教職員の人事行政状況調査について．
https://www.mext.go.jp/a_menu/shotou/jinji/1411820_00001.htm（2020年1月14日閲覧）．

OECD　2018　TALIS - The OECD Teaching and Learning International Survey.
http:/www.oecd.org/education/talis/（2020年5月8日閲覧）

スポーツ庁　2016　平成28年度全国体力・運動能力，運動習慣等調査報告書．
https://www.mext.go.jp/sports/b_menu/toukei/kodomo/zencyo/1380529.htm（2020年1月14日閲覧）

ライフデザイン支援と特別支援教育
同志社中学校・高等学校における
サポートセンターの取り組み

岩 本 脩 平

はじめに

　特別支援教育は，2007年4月の学校教育法一部改正により定められた。「特別支援教育は，障害のある幼児児童生徒の自立や社会参加に向けた主体的な取組を支援するという視点に立ち，幼児児童生徒一人一人の教育的ニーズを把握し，その持てる力を高め，生活や学習上の困難を改善又は克服するため，適切な指導及び必要な支援を行うもの」「障害のある幼児児童生徒への教育にとどまらず，障害の有無やその他の個々の違いを認識しつつ様々な人々が生き生きと活躍できる共生社会の形成の基礎となるもの」（文部科学省初等中等教育局特別支援教育課，2007）とされ，すべての学校園において，障害の有無に関わらず幼児児童生徒への支援を拡充させていくこととなった。これにより，全ての児童生徒に画一的な指導を行い，その指導から「外れる」ことを「問題」と捉えるのではなく，指導から「外れる」のは「困り」の表現だと捉え直し，そのユニークな個性を理解し，個々人の能力を高めていくことが求められている。

1　ライフデザイン支援

　発達障害をめぐる診断には，その症状が社会適応あるいは機能遂行に

おいて意味のある障害を引き起こしているという基準が設けられている。これは，発達特性があったとしても，周囲の適切な支援があれば障害が起きる度合いは減らされ，よりよい適応ができることも示している。三谷（2016）は，こうした支援をライフデザイン支援として「ライフ（いのち，生涯，生活，暮らし，人生，生きがい，活気）をめぐるさまざまな課題を乗り越えるべく，多様性や自己選択の権利を保障した相互のたゆまぬやり取りを通して，社会におけるデザインバリアおよびヒューマンバリア（人的障壁）を合理的配慮により取り除き，付加価値を見出していくプロセス」であると定義している（三谷，2016）。学校は児童生徒にとって所属先であり，承認される体験を積むことができる大事な生活空間である。しかし，学校の教室環境や授業形態等のデザインバリアが児童生徒の特性にうまくマッチしない場合，「問題」が浮かび上がってくる。「問題」の表面だけを捉えて対応すると，児童生徒の困りに届く支援にはならず，いつまでも「問題」が維持されてしまう。こうした児童生徒理解の欠如がヒューマンバリアである。二次障害を引き起こさないためにも，適切な理解と合理的配慮が行われる必要がある。

　上西・三谷（2016）は，「発達障害＝発達特性×デザインバリア」という公式を提示している。発達特性など，「発達の偏り」を定数 a とし，発達特性ゆえにデザインバリアによって社会への参加が妨げられている状態を変数 x とした場合，これらの交互作用を「発達障害」y とみなす。この公式は，特性が弱ければ，「デザインバリア」が同等であっても発達障害の程度は小さくなり，逆に同じ特性を持っていたとしても「デザインバリア」が小さくなれば発達障害の程度は小さくなることを示している（図1）。

　特性が「問題」になるかどうかは社会的文脈に依存している。何らかの発達特性を持っていたとしても，周囲のサポートやユニバーサルデザイン化等の配慮によって障害が起きる部分が少なくなり，他の児童生徒たちと同じように目標を達成できるのであれば，そこには発達障害としての姿は立ち現れなくなっていく。社会的な場面において「問題（障害）」が構成されるのであれば，その「問題（障害）」を生じさせないよ

$y = ax$（y＝発達障害　a＝発達特性　x＝デザインバリア）

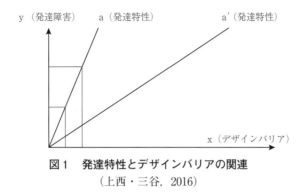

図1　発達特性とデザインバリアの関連
（上西・三谷，2016）

うに無理のない範囲でデザインを整えていくことが，特別支援教育の現場に求められている合理的配慮のあり方である。以下では，筆者の勤務する学校における支援の取り組みを紹介する。

2　同志社中学校・高等学校における特別支援教育の取り組み

同志社中学校・高等学校では，障害の有無に関わらずインクルーシブな教育を展開するための取り組みとして，2007年にサポートセンターを設置した。サポートセンターは中学校生活指導部室に併設されている部屋で，生徒の登校支援や学習支援，コミュニケーションの練習等を目的としている。毎日朝から下校時間まで開室されており，筆者を含む2名の臨床心理士・公認心理師スタッフが交代で勤務している。

サポートセンターの構造

オープンスペースには学習机が4脚と交流用の机がある。その横に「ブース」と呼ばれる個室が3か所あり，カーテンで仕切ることができるようになっている（図2）。登校に際して人目を気にしたり，視覚刺激を遮断した方が学習に集中しやすかったりする生徒にブースを利用し

図2　サポートセンターの様子
（左：ブース，右：オープンスペース）

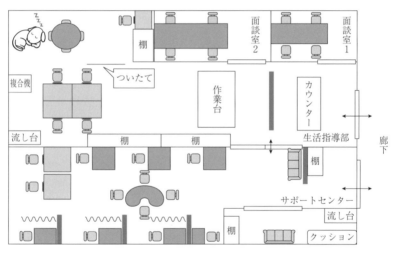

図3　サポートセンターの見取り図

てもらっている。また，ソファとクッションを配置した部屋もあり，短時間の面談を行ったり，興奮している生徒がクールダウンしたりするために使われている。

　生活指導部とはドアで連結しており，相談や補習等で行き来できる（図3）。生徒の状況については，生活指導担当の教員や担任と交流し，必要に応じて個別面談や保護者への連絡を行っている。

サポートセンターにおける支援の実際

　サポートセンターは，主には別室登校の部屋として利用されているが，発達特性のある生徒へのアンガーマネジメント，友人関係や家族関係の悩み相談，休憩時間や放課後に生徒が自由に訪問できるサロンのような機能等も担っている。そのため，サポートセンターには来室制限は設けておらず，全中学校籍の生徒が利用可能である。来室した生徒には各々理由があるため，たとえ授業中であっても一方的に教室に戻すことはせず，生活指導部担当教員と一緒に話を聴き，何が生徒にとってバリア（障壁）になっているのかを把握するところから対応を始める。以下では，架空事例を通して，具体的な支援の様子を紹介する。

(1) 「個別のルール」を必要としている生徒への支援

　Aは活発な中学1年生である。クラスメイトとトラブルになると，教室を飛び出して倉庫に隠れたり，学外に出て行ったりするため，毎回教員が探し回らなければならなかった。何度注意をしても教室を飛び出すことが続いたが，Aに「教室にいられないと思ったら，サポートセンターに来るように」と伝えた後は，イライラしながらも来室するようになった。何度目かの来室時に，「クラスメイトの声が耳に刺さる感じがする」と教えてくれたことをきっかけとして，専門機関への受診がすすみ，Aの聴覚過敏が明らかとなった。その後も定期受診は続けながら，教室にいられないと感じたときはサポートセンターを利用しつつ，周囲の生徒に理解を求める声かけを行うことにより，トラブルになることもなくなっていった。

　Aのように，突発的な行動に至る背景要因があるにも関わらず，そこに焦点があてられることなく，ただ「学校のルール」から外れることを注意され続けるだけでは「個別のニーズ」を満たすことはできない。これは無理解によるヒューマンバリアが生じている状態である。この場合，落ち着いた状態で自分が何に困っているのかを語れるようになれば，「個別のルール」を設定し，生徒と教員どちらにとっても無理のない環境を作り出すことができる。このように，サポートセンターは本人の困りを捉え，環境調整に向けた聴き取りの入口になる役割を担っている。

⑵　別室登校をする生徒への支援

　Bは自閉症スペクトラムの診断を受けている。集団内でのやりとりに疲れを感じるため，中学入学後の2学期から教室に入れなくなり，サポートセンターへの登校を始めた。個別に学習を進める一方で，学校行事には部分的に参加しながら少しずつクラスとのつながりを作り，2年生の後半までには1日数時間の授業参加ができるようになっていった。

　3年生になったBは，高校進学のために全授業に出るという目標を立てた。しかし，疲れやすいBにとって授業参加のハードルは高く，1日3時間までの参加が限界だった。筆者は保護者同席の面談で，一般的な進級基準を想定して「3分の1休みながら高校で進級していく方法」を考えようと提案した。その場で確認したのは，出たことのない授業科目を無くしてバランスよく休むこと，スマートフォンのアプリを使って科目ごとの欠課数をカウントすること，高校に行った際に休む場所を下見すること，の3点であった。また，通信制高校への編入方法や高卒認定試験についても説明し，とりあえず1年生の単位をとることを目標にして高校に送り出した。

　高校進学後，2年生末に出席不足で単位を落とすこととなったが，Bは落ち込むことなく，「ここまでチャレンジできたから後悔はないです」と語った。1年後，高卒認定をとり，大好きなコンピューター関係の専門学校に進学することになったと報告に来てくれた。

　不登校傾向にある生徒にとっては，サポートセンターが居場所や学習の場，あるいは教室復帰のステップとして機能している。サポートセンターは休憩時間だけの利用も含め，複数の生徒が利用するため，社会性が求められる場面も多い。不自然な形式上のトレーニングにならないように，サポートセンターではスタッフが生徒の遊びや会話の中に入り込み，日常生活の中でソーシャルスキルやコミュニケーション能力を伸ばす関わりを行っている。Bのように集団に入ることで過度な疲労を感じるのであれば，自身のペースで生活できる環境を用意することで，ひとまずデザインバリアを排除することができる。サポートセンターでは生徒にとってバリア（障壁）となっているものを取り除き，安心できる環

境下で課題に再挑戦できるまで成長していけるよう，道筋を一緒にデザインし直している。なお，生活空間から離れた保健室への別室登校と異なり，人通りの多いサポートセンターを利用する生徒の多くが，行事や特定の科目であれば参加可能であることも特徴的である。

サポートセンターのスタッフとしてのセラピードッグ

サポートセンターでは2017年からセラピードッグの Sue（ラブラドール・レトリバー）を導入しており，生徒対応を行うとともに，「お世話される」役も担ってくれている。若島（2019）は，「人はサポートを必要とする一方で，他者をサポートすることで元気と活力を得ている」と述べているが，生徒たちが Sue の世話をすることで元気をもらっている場面に遭遇する。

Cは休みがちな生徒であった。Cはペットを飼ったことがなく，Sue が来校した初日は怖くて触ることができなかった。帰宅後，Cはネットで犬のしぐさを検索し，Sue の気持ちを理解しようとした。翌日，Cは勇気を出して Sue をなでることができた。その後，日課のロープ遊びをしたり，散歩に連れ出したりしていくなかで，Cの登校が安定し始めた。また，サポートセンターに新たに登校し始めた後輩に対して，「大丈夫だよ。大人しいから」と声かけをしてくれるようになった。Cが安定して登校できるようになってきた頃，授業への参加を促すと，時々Sue に視線を向けながら，「どう思う？　Sue？」と相談をし，何も言わない Sue の表情をしばらく見つめた後，「そうだね。じゃあ行けそうなところから行ってみます」と決断できた。

3　これからの学びの場

個性豊かな生徒たちとやりとりを重ね，それぞれに合う学びの場を模索していく過程を経て，サポートセンターは今の形へと変化を遂げていった。これは，開室から12年が過ぎた今でも後輩へと受け継がれ，今後も進化していく環境ができたという意味で，ライフデザイン支援にお

ける「付加価値」を生み出していると言えるだろう。

　世の中の動きとしては、「義務教育の段階における普通教育に相当する教育の機会の確保等に関する法律」が2016年に施行され（文部科学省初等中等教育局児童生徒課，2016），学校内外における教育機会の確保が課題となっている。サポートセンターのような学内施設だけでなく、現在ではタブレット端末等を利用して家庭で学習することも可能になっている。現在，同志社中学校では、体調不良等の理由でサポートセンター等への登校も難しい場合に、タブレットの通信アプリを活用して、家庭にいながら授業にライブで参加する試みも行われている。映像の撮影方法や管理方法等，検討の余地はあるものの，支援の方法は確実に広がってきている。インターネットの普及により、教室だけがもはや学習の場ではないと考えれば、デザインバリアを取り除くのは今後さらに容易になっていくのではないだろうか。当事者である児童生徒，保護者とのたゆまぬやりとりを続けていきたい。

文　献

上西　創・三谷聖也　2016　第四章「ライフデザインと合理的配慮」　布柴靖枝（監修）　発達障害のライフデザイン支援．平成27年度文部科学省発達障害に関する教職員育成プログラム開発事業．pp. 49-66.

三谷聖也　2016　第三章「発達障害ライフデザイン支援モデル」　布柴靖枝（監修）　発達障害のライフデザイン支援．平成27年度文部科学省発達障害に関する教職員育成プログラム開発事業．pp. 33-46.

文部科学省初等中等教育局児童生徒課　2016　義務教育の段階における普通教育に相当する教育の機会の確保等に関する法律．

文部科学省初等中等教育局特別支援教育課　2007　特別支援教育の推進について（通知）.

若島孔文　2019　短期療法実戦のためのヒント47―心理療法のプラグマティズム．遠見書房．

LGBT かもしれない子どもへの学校での対応

石 丸 径 一 郎

1　社会の変化と LGBT

　その文化における通常の性役割に沿わない振る舞いをするなどの，性的になんらかの意味で特殊な状態にある人々は，古今東西を問わずこれまで存在してきた。歴史の中では，このような現代で言う LGBT のような人々が，神話の中で活躍したり，宗教的な儀式を司ったり，といった特別な存在として扱われてきたこともあった。一方，近年，先進国を中心に起きている LGBT ブームは，性的にマイノリティである人々が，特殊な人々ではなく，性的な側面以外では多数派と特に変わりのない，いわゆるごく普通の人々として知られてきているところに特徴があるだろう。

　ところで，客観的な性別違和感の程度や，同性愛傾向の程度と，本人が自分のことを LGBT であると思うかどうかとは別の話である。LGBT が特殊でスティグマのある存在とされている社会では，そのような傾向のある人々は自分のことを LGBT だと考えることに抵抗が生じ，自分の中でその傾向を最小化したり否認したりといった，不本意でストレスフルで葛藤を抱えた生活となりやすいだろう。一方で，近年のようにご

く普通の存在である，時にはオシャレでかっこいいLGBTイメージが広まってくると，人々は，子どもを含めて，その傾向を抵抗なく表現できるようになる。

　性別違和感があったり，同性愛傾向があったりする人々や子どもの数が実際に増えているかどうかは不明である。しかし社会の変化によって，子どもたちが自分のことをLGBTかもしれないと思うことに障壁がなくなり，自分を抑えずに自由に自己表現できる良い時代になってきていることは確かだろう。このような中，日本の学校においても近年LGBTかもしれない児童生徒を見かけることが増えてきており，適切な対応が求められている。

2　性自認（性同一性）・性的指向とLGBTQ

　ここでLGBTの基本について簡単に解説しておく。性的指向とは，どのような性別に性的関心を持つかということである。多数派である異性愛の他に，同性愛，両性愛（バイセクシュアル），どちらの性別にも性的関心を持たない無性愛（エイセクシュアル）などがある。また人の性別を男女の2つのみとは考えず，すべての性別のあり方に対して性的関心を持ちうることを全性愛（パンセクシュアル）と呼ぶ。

　性自認（性同一性）とはジェンダー・アイデンティティの日本語訳で，自らが実感している心理的な性別のことである。出生時の性器の形に基づき，法的な（戸籍やパスポートなどの）性別が登録されるが，このような身体的性別／法的性別とは異なった性自認を持っている人々のことをトランスジェンダーと呼んでいる。この中には，出生時に男性とされたが女性としての性自認を持つトランス女性（Male to Female：MTF）や，出生時に女性とされたが男性としての性自認を持つトランス男性（Female to Male：FTM）がある。また，性自認が男女の中間である，男女以外のなにかであるといった人々のことはノンバイナリーと呼ぶが，日本ではXジェンダーと呼ぶことが増えてきている。身体的／法的性別と性自認とが一致している多数派の人々のことはシスジェンダーと呼ぶ。

これ以外に，自分が何者であるかを模索中であるというクェスチョニングや，保守的な性の文化や制度に抵抗し攪乱する性的マイノリティを表すクィアという言葉もある。また，身体的な性別が典型的な男女のあり方と異なっていることをインターセックスや性分化疾患と呼ぶ。

　性的マイノリティの中でも目立った4つの存在，レズビアン（女性同性愛者），ゲイ（同性愛者，男性同性愛者のみを指すこともある），バイセクシュアル（両性愛者），トランスジェンダーの頭文字を取ってLGBTという言葉が広く使われるようになっている。しかし，LGBTはパンセクシュアル，エイセクシュアル，クェスチョニング，インターセックスなどが含まれない表現であり，性的マイノリティの総称としては不足がある。一方，すべての性的なあり方を含めようとするとアルファベットを数多く並べる必要があってキリがなくなる。そこでLGBTQやLGBTsなどの表現で，すべての性的マイノリティを表そうとすることがある。

3　LGBTかもしれない子ども

　成人と比較したとき，子どものLGBTの特徴の1つは自己認識の不確かさや流動性である。自己の性別や恋愛対象が周囲と違うかもしれないと気づいても，自分でそのことを落ち着いて受け止められなかったり，言語による表現力が発達途上でうまく説明できなかったり，LGBTといった言葉や概念をよく知らなかったり，また実際に例えば同性愛と異性愛との間を揺れ動いていたり，ということがある。また性的指向と性自認の概念もうまく区別できていない（例えば女性として女性のことを好きになるレズビアンの存在を知らないため「女の子のことが好きだから自分は男だ」と考えるなど）こともある。このため，「LGBTである子ども」と言い切れることは珍しく，「LGBTかもしれない子ども」と言うしかない場合が多いだろう。

　子どもの性的なあり方は，はっきりしなかったり流動的な傾向にあるが，そのために大人は，自分の願望もまじえて「大人になれば普通に

（多数派と同じように）なるよ」「成長とともに治るよ」といった声かけをしてしまうことがある。これは必ずしも正しくないし，子どものその時点でのあり方を否定してしまう言葉である。教師や保護者からこのように言われて，自分のあり方は許されないのだというメッセージを感じ取り，そこからほんとうの自分を押し殺してつらい数年間を過ごすことになるケースはよく見かける。将来どうなるかという予測は難しいが，いずれにしろその時点での本人のあり方を否定せずに受け止めることが大事である。

　さてこのように，説明しにくかったり状態が定まらなかったりする子どもを受け止めること，そして捉えがたいなりにある程度見定めて整理し，周囲を取り巻く他の児童生徒や保護者や教職員たちにわかるように説明し，必要な方針や対応を定めて学校社会の中でともに生活できるようにしていくことは，それなりに難しいことである。

　同性愛は，性的関心や恋愛感情といったプライベートな部分でのマイノリティなので，学校の公式ルールについて配慮が必要な場合は少ない。しかし，恋愛は異性間・同性間を問わず，人間関係トラブルとなって表に現れることもある。教師，スクールカウンセラー，友人など，本人が信頼して相談できる人がいることが大事だろう。また，恋愛関係のトラブルに関して，男女間の場合と同性間の場合とを同等に扱うように気をつけること，また恋愛対象となった相手方もフォローすることが大事だと考えられる。

　トランスジェンダーである子どもの場合は，呼び方（くん付け，さん付け）や，代名詞（彼や彼女）の使い方，名簿や整列時の対応，トイレ・更衣室・プール・修学旅行の対応，髪の長さ・制服・体操服の対応など，生活の多くの場面で配慮が必要となる。しかし，先述したように，自分の性別について揺れ動いている子どももおり，どちらの性別として対応するのか判断に迷うこともあるだろう。

　図1は，性別に違和感を持つ子どもたちの分布のイメージである。自分の性別について模索していく中で，男寄りになったり女寄りになったりと揺れ動く子どももいる。性別に違和感があるといっても，自分は身

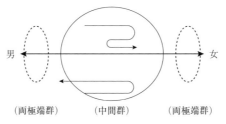

（両極端群）　　（中間群）　　（両極端群）

図1　性別違和のある子どもの性自認（性同一性）の分布イメージ
（石丸，2017a）

体とは反対の性別であると揺るぎなく確信する「両極端群」と，自分の性別がわからないと迷っている「中間群」とに分類でき，両者への対応は異なってくる。「女の身体に違和感がある」「どっちかというと男寄りかな」など，自分の性別について模索・吟味している子どもを，完全に男子として扱うのは過剰な対応であり，本人がじっくりと確立するべき性自認の発達を過度に誘導してしまう恐れがある。男性，女性という画一的なあり方を押し付けず，本人の模索や試行錯誤を妨げないように環境を調整して見守ることが理想的である。しかし，男女を区別する場面が多い日本の学校では，これが難しいこともある。性別違和のある本人への対応だけでなく，性別による区別をなるべく少なくして，多様性を尊重するような学校のあり方自体への対応も進めていくべきである。

　子どもでは性自認を模索中であることが多いとはいえ，中には「僕は男だ」「私は女だ」と揺るぎなく確信する両極端群のようなあり方もある。この場合は，ホルモン療法や手術なども見据えて専門的な医療機関への受診を勧めた方がよいだろう。学校では，本人や保護者の希望をよく聞きながら，望みの性別での生活が円滑に送れるような対応をしていく。カミングアウトして周囲の子どもたちに理解されて学校生活を送る場合もあるし，周囲には身体上の性別を秘匿して望みの性別で通学する場合もある。後者の場合は，どの範囲の人々にどこまで伝えてよいのかという情報の管理に留意する必要がある。文部科学省では「性同一性障害や性的指向・性自認に係る，児童生徒に対するきめ細かな対応等の実施について（教職員向け）」と題した対応の指針と Q&A を2016年に公

開しており，ウェブサイトからダウンロードすることが可能である。

4 LGBT を含む家族

子ども本人が LGBT であるケースについて考えてきたが，親が LGBT であるケースもある。まず親が同性カップルである場合を考える。ある女性が，男性との間に子どもをつくり，その男性と離別した後に，女性パートナーと付き合い始め，女性２人で子どもを育てているという家族は，日本でも以前からかなりあるようである。近年ではこれに加え，男性の友人や精子バンクから精子をもらい，人工授精によって妊娠出産する女性同士のカップルも見られる。日本では法律上同性婚ができないため，このような家族は，周囲からは母子家庭に女性の友人が同居しているように見える。学校においては，産んだ母は親として認識されるが，産んでいない方の母は子どもと苗字も異なり，親として認識されづらいという問題が生じる。学校としては，同性カップルに受容的な態度を示しカミングアウトしやすくすること，また本人が望まない場合は同性カップルであるという情報を同意なく他へ漏らさないことが重要である。なお，男性同士のカップルでは，自分で産むことができず，また日本では離婚の際に男性側に親権が認められることも少ないため，子どもを育てているケースは珍しいようである。日本において同性カップルは，特別養子縁組によって子どもを迎えることができない。一方，同性カップルが里親になることができるかどうかは，都道府県等の判断に任されており，2017年には大阪市にて，男性同士のカップルが里子を迎えたことが報道された。

次に，親がトランスジェンダーであるケースを考える。性別移行をした後に親になった場合と，性別移行をする前に親になった場合の２つのパターンがある。前者の多くは，トランス男性（FTM）の女性パートナーが子どもを産むケースである。細かく見れば，トランス男性が連れ子のいる女性と付き合い始めた場合，トランス男性が女性パートナーと付き合い（戸籍性別変更済みの場合は法律婚ができる），ドナーによる

人工授精によって子どもを持つ場合がある。トランス男性は，ホルモン療法と乳房切除術を受けると，生まれた時は女性であったことが外見からはまったくわからなくなる。そのため，このような家族は父母と子どもがいる多数派の家族のように見える。父がトランス男性であるという情報を同意なく暴露しないように，情報の管理に留意する必要があるだろう。また，ステップファミリーとしての要素に留意して対応することも大事である。

後者の，性別移行をする前に親になるというのは，もともと男女のカップルとして結婚し子どもを持った後に，どちらかの親がトランスジェンダーになったケースである。父がトランス女性になるケースが大半であるが，母がトランス男性になるケースもある。東京にある精神科クリニックのデータでは，性別違和感を訴えて来院した468名のうち，子がいるトランス女性は12.6%，子がいるトランス男性は1.4%であった（石丸，2017b）。父親が女性になる，また母親が男性になるという体験をしていく子どもに対して，学校で対応が必要になることもあるかもしれない。ここでも，信頼関係を作ることと，本人の同意なく他者に伝えないという情報の管理が重要である。当事者家族にストレスや困難があるとすれば，大部分は LGBT を含む家族を理解しない周囲や社会の側から生じていることである。当事者家族の側にはなんの落ち度もないという，はっきりとした態度を持って接するべきであろう。

5　おわりに

LGBT かもしれない子どもや，LGBT を含む家族への学校での対応について述べてきた。最後に，当事者に接する際の態度や心構えについて考えてみたい。学校というのは，大人である教職員が，立場の弱い子どもたちに対応する場である。LGBT かもしれない子どもに，多数派である大人が十分理解し寄り添いながら対応するということは大事であるが，力関係的な限界もある。対等な存在として共に生活するというよりも，力の強い者が弱い者に対してパターナリスティックに配慮を与え

るという，上から目線の図式になりがちである。子どもたちへの対応を考えることも大事であるが，教職員である同僚や上司たちの中にも，おそらく子どもたちと同じような割合でLGBTが存在するのである。LGBTである教職員が働きやすい学校であるように配慮がなされていれば，自然とLGBTかもしれない子どもたちにも過ごしやすい学校になっているはずである。また，LGBTであるとカミングアウトしている教職員が存在する学校であれば，それをロールモデルとし，当事者かもしれない子どもたちも安心できるし，当事者ではない多数派の子どもたちへの教育効果も大きい。LGBTかもしれない子どもたちへの対応を考える前に，大人の側でLGBTである大人との共生ができている必要があるし，その姿を子どもたちに見せるのが，一番のLGBT対応なのではないかと考える。

引用文献

石丸径一郎　2017a　子どものLGBTについての理解と関わり：第2回　子どもの性同一性障害．児童心理，1035，117-123．

石丸径一郎　2017b　LGBTと家族．児童心理，1045，71-75．

学校システムの力を活用した
災害時の心理支援

三道なぎさ

はじめに

　2011年3月に発生した東日本大震災以降，教育現場では防災教育への意識が高まり，2020年度より小学校において全面実施される新学習指導要領では，防災教育に関する授業の充実が図られている。学校における防災教育では，家庭や地域社会と連携しながら，児童生徒が災害に適切に対応できる能力を育成することが重視されている（文部科学省，2013）。この「家庭や地域社会との連携」や「児童生徒が災害に適切に対応できる能力を育成する」という点は，教育現場で災害支援をする際にも重要な視点であると思われる。

　東日本大震災の発生直後から，筆者は東北大学大学院の長谷川研究室と若島研究室が助成を受けて立ち上げた東日本大震災PTG心理社会支援機構（以下，PTGグループ）の一員として災害支援活動及び研究に携わっていた。PTGグループでは，支援活動をする際に次の2つの基本理念を共有していた（若島・長谷川，2012）。その理念の1つは，"被災者家族，地域社会，学校など様々なシステムの自己組織性（問題解決をする力）を信頼し，それを活性化すること"である。このことは，被災した子どもの支援では，子どもという個のみを対象とするのではなく，学校，家庭，地域といったシステムのなかの子どもという視点で支援を

考えていくことを意味している。

もう1つの理念とは，"被災者の自律性，有能感，関係性を尊重すること"である。これは，エドワード・デシ（Edward L. Deci）が提唱した人間が動機づけられる際のこころの基本ニーズ（Deci & Flaste, 1995）であるが，被災者の心理支援をする際にもこれらを尊重することが非常に重要である。自律性，有能感，関係性とは，端的にいうと，「自律的でありたい」「有能でありたい」「他者と関わりをもちたい」という欲求のことで，健康な人，心の不調を抱えている人，引きこもっている人等どのような人にも存在すると仮定されているため，被災者も例外ではない。若島（2011）は，心理支援の在り方について，問題が生じているシステムのなかで（関係性），クライエント自身が自信をもって（有能感），主体的に問題を対処しているという感覚（自律性）をもたせるようにすることで，問題解決や心の回復が図られるとしている。また，ここでいう自律性と有能感の尊重は，先述した防災教育において重視されている「児童生徒が災害に適切に対応できる能力の育成」と重なる視点と思われる。

そこで本稿では，PTGグループにおける支援活動の報告例から，上述した基本理念に基づく心理支援により被災者のレジリエンスが促進された事例を紹介し，学校現場における災害支援の基本姿勢とより良い防災教育の在り方について述べる。

事例1　システムの自己組織性を信頼する

高橋・松本（2012）は，東日本大震災直後の学校や地域社会システムにおける自己組織性の事例を複数報告している。例えば，震災直後から避難所となった沿岸部のある体育館では，当初約300名（うち50名は小中学生の子ども）が避難しており，大人たちが班ごとに役割を分担することで運営がなされていたが，次第に子どもたちにも重要な役割が生まれていったという。中学生男子は大人と同じ物資の運搬などの力仕事を，中学生女子には食料の配布やお年寄りに声をかける御用聞きの仕事を，

小学生には出入りの多い避難所入り口のスリッパをそろえる仕事が任せられていた。子どもたちに仕事を任せる際，避難所の運営者は命令口調で子どもに仕事を“させる”のではなく，大人に頼みごとをするのと同様に“お願いする”という工夫をしていた。このことが，震災で傷ついている子どもたちを，避難所システムにおいて“弱く守られる存在”から“頼りになる欠かせない存在”へと変化させた。その結果，仕事を任されたことによる「自律性」，自分の仕事や役に立ったという「有能感」，大人たちの輪に入れたことによる「関係性」が満たされ，子どものレジリエンスが高まっていったと思われる。

　この事例のように，心理の専門家が支援者として被災地に行くことになったならば，その場所にあるシステムの自己組織性を適切にアセスメントしたうえで，信頼して任せる（あえて介入しない）姿勢も重要になる。しかし実際に，臨床心理学の専門家が支援者として被災地や避難所へ行くと，“来たからには役に立たなければいけない”という使命感から，カウンセリング等の介入や助言をしてしまうことも少なくない。これについて，若島（2019）は，支援者があたかも完全に適切なことを知っているかのような態度や行動をとることは，一方的に被災者を受動的な存在に拘束し，「こころの支援お断り」の張り紙が出されるまでに関係性が悪化していく可能性を指摘している。

　以上のことから，災害支援の基本理念である“システムの自己組織性を信頼して，活性化する”というのは，支援者がそのシステムに何かしらの介入をすることだけを意味するのではないことがわかるだろう。支援者がそのシステムのなかに機能している自己組織性を見出せたならば，避難所の仕事を手伝う，避難者たちと他愛のない会話をするといったあえて介入しない姿勢も十分な心理支援になりうる。このような支援者の介入しない態度や行動は，避難所の人々に「（あなたたちは）専門家が介入する必要がないほど，十分自らの力を発揮できている」というメタメッセージとなって，避難者たちが元気を取り戻していくのである。

事例2 アンケートの実施が心のケアになる

　板倉・高野（2012）は，ストレス反応に関するアンケートを活用した災害支援について報告している。震災発生後1か月で登校を再開させることになったこの学校では，直接的な被害を受けた子どもと直接的な被害はなかった子どもが混在しており，教職員たちはどのように子どもたちをケアしていけば良いのかについて不安を感じていたという。いざ学校が再開されると，教職員たちは，直接的な被害を受けた子どもたちが元気に遊んでいると「（元気に見えても）実は深い悲しみを抱えているのではないか」と過剰に心配する一方，直接的な被害を受けなかった子どもたちに対しては「ストレス反応の心配はないだろう」との見方をしていることに，スクールカウンセラー（以下，SC）は気がついた。そこでSCは，教職員らが子どもたちの目に見えないストレス反応を過度に心配する，もしくは見逃してしまうことに対して，子どもたちのストレス状態を客観視できるアンケートを用いて解決を試みている。

　SCは，震災後1か月の時期に，全校生徒を対象に「心とからだのアンケート」という名でストレス反応を測定した。このアンケートは，自己採点方式で，得点とその解説を見て，子どもたち自身が自分の状態を把握できるように作成されていた。また，セルフケアの方法も同時に提示することで，子どもたちが現在の状態に合わせて対処ができるよう工夫されていた。その数週間後，全クラスの子どもに対して各担任が，心のケアや学習等生活全般に関する個人面談を実施した。面談では，アンケートの得点が高かった子どもや気になった子どもに対して，担任からカウンセリングを勧め，SCにつないでいった。さらにその半年後，全校の子どもを対象に再度同じアンケートを実施し，アンケートの得点が依然として高い子どもや増加した子どもに対して，担任が中心となってケアを行っていくきめ細かい支援体制が整えられていった。

　この事例のように，アンケートを用いて子どもたちの目に見えないストレス反応を可視化することで校内の支援体制を整備していったという

のは，被災の程度が異なる者が複数混在する学校という場では特に有効であると思われる。大規模災害の場合，そのストレス反応は被害の程度だけでなく，年齢（例えば小学校1年生と6年生のように）や反応の出る時期に違いがあるため，個人差が極めて大きい。そのため，学校における災害時の心の支援では，子どもたちの様子をみた教職員らの印象も様々で，支援体制の方向性がなかなか定まらないということは，東日本大震災の場合は多くの学校で起こっていた。そのような場合，災害直後から子どもたちのストレス反応をアンケートによって教職員が客観的に把握できると，その後の支援体制をスムーズに整えていくことができるだろう。また，この事例ではアンケートを半年後に再度実施する意義として，心の回復進度の格差による子どもたちの不安感を低減させる効果が挙げられている（板倉・高野，2012）。震災後半年を経過しても依然としてストレス反応が高い子どもは，"自分だけが取り残されているのではないか"という更なる不安や焦りが生じる可能性がある。そのため，全校の子どもを対象にアンケートを実施することは，子どもたちに"今の時期にまだケアを必要としているのは自分だけでない"というメタメッセージを伝達し，安心感をもたらすという。つまり，アンケートの実施自体が，子どもたちのストレス反応を把握するだけでなく，心のケアになっていたのである。

　また，このアンケートでは自己採点方式を採用し，子どもたちに自身のストレス状態を把握させ，その状態に合わせたセルフケア方法をとらせるように作られていたことが，子どもたちの「自律的でありたい」というこころの基本ニーズを満たしたと考えられる。セルフケアの方法を専門家が授業のように直接教える場合，意図していなくとも，専門家が支援者で子どもたちが被災者という構図になってしまい，子どもたちのレジリエンスを損なう可能性があった。しかしこの事例では，アンケート用紙にセルフケア方法を提示したことで，子どもたちはセルフケアを活用するかどうかについて自ら選択することができたのである。このように，学校現場では子どもたちを常にケアの対象としてみるのではなく，ケアの必要性についても自分で判断させ，任せるという姿勢を示す支援

の在り方も重要であろう。

事例3　学校がもつリソースがそのまま心のケアとなる

　高橋・松本（2012）は，学校が「伝統芸能」をリソースとして活用し，子どもと地域住民のレジリエンスを促進した事例を報告している。平常時から踊りや太鼓などの伝統芸能を，地域に根ざした教育活動として取り入れている学校は少なくない。しかし震災後，地域で受け継がれている伝統芸能を，改めて積極的に取り入れた学校が多かったという。伝統芸能における，身体全体を使って表現するひとつひとつの動きには，死者に対する鎮魂といった強いメッセージが含まれている。したがって，被災した子どもたちが教育活動という安全な枠組みのなかで伝統芸能に取り組むことは，亡くなった人を安心して悼み，生と死とのつながりのなかで改めて生きる意味を見出す機会となっていたと考察されている。

　この事例から，災害支援におけるリソースの活用と地域とのつながりの重要性がみえてくる。震災後，伝統芸能を教育活動に取り入れていた学校の多くは，運動会や学習発表会等でお披露目し，その地域の人々が観賞できるかたちで子どもたちの成果を発表していた。精一杯踊り，たくさんの拍手をもらった子どもたちは，踊りきったことと地域住民を喜ばせることができた達成感から「有能でありたい」や「他者と関わりたい」という心の基本ニーズが満たされ，レジリエンスが促進されたと思われる。また，子どもたちが力強く踊る姿は，震災により大切な人，家，地域コミュニティといった多くのものを失った人々に，甚大な被害にあってもその地域に残っているものを気づかせ，地域コミュニティを再生させていく原動力にもつながっていったと思われる。

さいごに

　これまでの事例を通じて，「システムの自己組織性を信頼し，それを活性化する」支援が，間接的に学校における子どものレジリエンスを促進することを述べてきた。東日本大震災のような大規模災害の場合，被

害の程度に差はあっても全校児童生徒が被災した子どもとなるため，深刻なストレス状態にある子どもを取り出してカウンセリングしていくといった個別対応は現実的に難しい。そのため，まずは被災した子どもを学校，家庭，地域といったシステムのなかの子どもと位置づけ，そのシステムの自己組織性を活性化する支援から考えていくことが，学校における災害支援の基本姿勢となるだろう。

　また，子どものこころに焦点を当てた支援では，避難所の手伝い，アンケートの実施，伝統芸能の活用といった個別対応以外の方法を紹介してきた。その際，「子どもの自律性，有能感，関係性を尊重する」という視点が，子どもの主体性を引き出し，レジリエンスの促進に繋がっていた。これまで個別対応以外の支援を紹介してきたのは，災害支援としてのカウンセリグを否定するものでは決してない。大規模災害では，被災者の数に比して支援者が足りないことが問題の一つとなるため，個別対応以外の支援方法を用いて，より多くの被災者をケアすることを目指すことがベターであると考えている。それでも，長期にわたりストレス反応を示す被災者や，著しく心の健康を損なっている被災者は一定数存在する。その場合には，カウンセリング等の個別対応をしていくことが適切であると思われる。

　また，「子どもの自律性，有能感，関係性を尊重する」という視点は，今後の防災教育においても重要な示唆を与える。文部科学省の防災教育に関する資料（文部科学省，2013）によれば，「児童生徒が災害に適切に対応できる能力の育成」とは，主に災害時に子どもが自分の命を守る行動を身につけさせることを指している。しかし，この資料では，「生きる力」を育む防災教育を掲げていることから，自分の命を守る行動のみに焦点を当てた授業では不十分と思われる。「生きる力」とは，自分で課題を見つけ，自ら学び，自ら考え，主体的に判断し，行動し，よりよく問題を解決する能力のことで，変化の激しいこれからの社会を生き抜いていく力である（源，2009）。したがって，防災教育として，子どもたちにストレス反応やPTSDに関する知識やその対処法（例えば，リラクセーション法などのセルフケア）等を学習させることは，災害後

の生活に見通しをもつことになり，子どもの生きる力の涵養へとつながるだろう。さらに，平常時から自分の心の状態やそのケアについて意識させることは，日常生活で起こるストレス反応へのマネジメント力向上にもつながり，子どもの健やかな成長が期待できる。

　最後に，防災教育のなかに地域とのつながりを深める内容を入れておくことも大切である。それは教員に過剰な負担を課すものではなく，例えば，校内で行われる防災訓練を地域住民と合同で行うといった内容で，十分に地域とのつながりは強化されていくと思われる。少子高齢化や核家族化が進む日本では，今後も地域の繋がりが希薄な土地が増えていくことも予想される。そのため，平常時から学校が地域コミュニティを活性化する起点となることで，体育館が避難所になった事例のように，災害時に学校と地域が活気ある避難所運営に向けて自然と一致団結していくのである。そして，困難のなか，学校と地域が一つになってある目標にひたむきに向かっていく過程で，多くの被災者の傷ついた心が回復していくものと思われる。

引用文献

Deci, E. L. & Flaste, R.　1995　*Why we do what do : The dynamics of personal autonomy.* G. P. : New York.［桜井茂男（訳）　1999　人を伸ばす力—内発と自律のすすめ．新曜社．］

板倉憲政・高野仁美　2012　震災時にみられた学校システムの力．子どもの心と学校臨床，6，38-46．

源　証香　2009　乳幼児期に培われる「生きる力」に関する研究—地域社会に根ざす保育所のあり方について．白梅学園大学・短期大学紀要，45，85-101．

文部科学省　2013　学校防災のための参考資料「生きる力」を育む防災教育の展開．
　　https://anzenkyouiku.mext.go.jp/mextshiryou/data/saigai03.pdf（2020年6月1日現在）

高橋恵子・松本宏明　2012　学校システムにおけるリソースの活用．子どもの心と学校臨床，6，56-63．

若島孔文　2011　ブリーフセラピー講義—太陽の法則が照らすクライアントの「輝く側面」．金剛出版．

若島孔文　2019　短期療法実践のためのヒント47―心理療法のプラグマティ
　ズム．遠見書房．
若島孔文・長谷川啓三　2012　東日本大震災 PTG 心理社会支援機構の理念
　―国際的なガイドラインを踏まえて．Interactional Mind, V, 9-14.

学校への緊急支援

森川夏乃

はじめに

カプラン（Caplan, 1961）は，「個人が人生上の重要目標が達成されるのを妨げられる事態に直面した際，習慣的な課題解決法をまず初めに用いてその事態を解決しようとするが，それでも克服できない結果生じる状態」のことを，危機と述べている。こうした危機に直面するのは，個人だけでなく学校もまた同様である。学校では，児童生徒の自殺，事件，事故，災害等により，習慣的な解決法では克服できない事態が生じることがある。そのような場合，必要とされるのが“緊急支援”である。

本稿では，学校が直面する危機について概説した上で，学校への緊急支援について述べる。

1　学校の危機

学校に生じうる危機

子どもたちの生活や心に影響を及ぼし，学校に混乱を生じさせる出来事は，学内外問わず様々ある。窪田（2005a）は，学校に生じる危機として，以下の７つを挙げている。

①　児童・生徒の自殺

② 学校の管理責任下で生じた事件・事故による児童・生徒の死傷

③ 交通事故，火災など校外の事故による児童・生徒の死傷

④ 地域で生じた衝撃的な事件や自然災害による被害

⑤ 児童・生徒による殺傷事件

⑥ 教職員の不祥事の発覚

⑦ 教職員の自殺など突然の死

　樋渡ら（2016）は，教師がこれら学校の危機にどのくらい遭遇した経験を持つのかを調査した。それによると，分析対象者3,507名の教師のうち，927名が過去10年以内にいずれかの危機を経験していることが示された。すなわち，教師の約4人に1人は危機に遭遇した経験を持つということになる。これは，教師人生において危機に遭遇する可能性が少なくないことを意味するだろう。また，教師が遭遇した危機の中では，学校の管理外の事件・事故による児童生徒の死傷の経験が全体の25.8%と最も多く，次いで児童生徒の自殺・自殺未遂を18.8%が経験していた（樋渡ら，2016）。様々な危機の中でも，特に学外での事件・事故や児童生徒の自殺・自殺未遂は，"起こりうる事態"と想定し，発生予防や事後対応の準備をしておくことが必要であろう。

構成員への影響

　危機に巻き込まれると，人は情緒・身体・認知・行動面において何かしらのストレス反応が生じる。一般に，情緒面は，危機発生後時間経過に伴い「不安と恐怖」，「否認と逃避」，「怒りと攻撃」，「自責と罪悪感」，「悲嘆と無力感」，「現実適応感」の順に変化していくとされる（上地，2003）。また，上地（2003）及び窪田（2005a）によると，身体症状として睡眠障害や食欲不振，下痢・腹痛，吐き気や嘔吐，頭痛，過呼吸，認知面では記憶力・思考力・決断力・判断力・問題解決能力の低下がみられるとされる。行動面では，過活動あるいは活動の低下，多弁などの変化が生じるとされる。特に，子どもであれば退行的な行動が生じたり，大人であればアルコールやたばこ等の嗜好品が増加したりすることもある。

加えて，衝撃を与える出来事に遭った時の状況（目の前で事件・事故が生じた，巻き込まれ危うく死ぬ経験をした等）や被害者・加害者との関係性（非常に親しい関係であった，被害―加害関係にあった等）といった物理的・心理的な諸要素によっても，生じる反応は異なる。例えば，危機時の自責感や不安混乱，ショックといった反応は，養護教諭や当該学年の教員の方が，管理職やその他の教員よりも強く示すことが指摘されている（樋渡ら，2019）。これは，養護教諭や当該教員は，現場を直接目撃する機会が多く，また危機の被害者・加害者との感情的な近さが関与していると指摘されている。

　また，個々人に生じた反応は，学校全体へも波及していく。窪田（2005b）によると，危機発生後，自分とは異なる反応を示している他者を受け入れることが出来なくなったり，事件・事故の責任転嫁が生じたりすることで，組織内の人間関係の対立が生じる可能性がある。また，組織内の人間関係が円滑ではなくなることで情報の伝達ルートが混乱したり，個々人の認知機能が平時よりも低下することで誤った情報が伝播し，正確な情報の把握，迅速な判断，問題への対応ができなくなる。さらに，身体症状を呈する子どもや職員が増加し，一方で問題へ対処可能な職員が減少することにより，ますます問題への対応が立ち行かなくなると述べられている。このように，問題に対応する本来の学校機能が失われ，個人レベルの問題に対して不適切な対応しかできなくなり，より一層混乱が長引くという悪循環に陥る危険性がある。

2　緊急時における学校への支援

学校への緊急対応とは

　上述したような学校の機能不全状態を防ぐために，危機発生後，迅速に学校への支援，すなわち緊急支援を行う。向笠・林（2005）は，緊急支援を，「学校というコミュニティで起こった事件・事故によって生じた児童・生徒らのさまざまな反応に対して，学校自体がその事件・事故の直後から主体的に活動し学校本来の機能を回復するということに対す

る後方支援」と位置付けており，学校の機能回復に主眼を置いた支援活動であることを強調している。

　これは，緊急支援が平時における心理療法やカウンセリングとは目的やアプローチ方法が異なることを意味する。エヴァリーとミッチェル（Everly & Mitchell, 1999）によると，緊急支援は危機状態にある個人や集団の安定化・機能の回復・次のケアレベルへつなげることを目的としているのに対し，心理療法・カウンセリングはストレスの軽減や病理発生の機序を治療したり，個人の成長を目的としている，と述べられている。緊急支援は，ストレス源発生後即時的で，場所も必要とされる場ならどこでも行うためストレス源に近い場であることも多い。そして，短期間で実施され，支援者は積極的，指示的に対象者に関わることが多い。それに対して心理療法・カウンセリングは，ストレス源からある時間的距離が過ぎた後，安全で保障されている環境下で，クライエントが必要とするだけの期間行う。関わり方は，協働的，受容的であることが多い。

　緊急支援中においては，必ずしも，面接室のような空間や，一定の時間が確保できるわけではない。時には職員室での立ち話の中で教職員の心理状態をアセスメントしたり相談を受けたりすることも多い。緊急支援においては，平時の個人療法のルールや流派に固執することなく，学校の機能状態回復という目標達成のために柔軟な動きが求められる。

学校への緊急支援の方法

　はじめに，危機発生前後の各段階における支援について概観したい。ブロックとジマーソン（Brock & Jimerson, 2004）は危機が生じる前から危機発生数年後までの各段階での対応について，図1のように示している。本稿では，危機直後から数日後にあたる段階に着目しているが，危機発生から数年後に抑うつ感が生じる場合もあり（例えば三浦ら，2017），継続的な支援を行うことが求められる。これらの一連の支援の中で，緊急支援は，危機状態に適切に対処することで学校機能の早期回復を図り，混乱による二次被害を防ぐという役割がある。

　学校という集団に対して緊急対応を行う場合，心理士が一人ひとりの

危機が生じる前 (preimpact)	危機が生じたとき (impact)	危機直後 (recoil)	数日後から数週間後 (postimpact)	数か月後から数年後 (recovery reconstruction)
			悲嘆感情の共有や関連する記憶の適切な想起	
		心理学的な介入		
		心理教育		
		リスクのスクリーニングとリファー		
		サポートシステムの復旧		
		医学的介入		
	二次被害の予防			
危機への準備				

図1　各段階における危機への対応（Brock & Jimerson, 2004）

児童生徒に一律に時間を割き話を聞くことは難しい。そのため，まず学校全体に対して心理教育を行い，各自が生じうる反応を理解しセルフケアをしていけるようにする。同時に，クラス担任や学年主任，保護者など，子どもたちに目が届く大人に対してコンサルテーションを行い，クラスや家庭内で子どもが反応を示した際に早期に対応していくことができるようにする。その中で，強い反応を示している子どもや，状況から考えて特に配慮が必要とされる一部の者に対して個別にカウンセリングを行う。すなわち，全体，早期介入対象者，支援が必要な者というように，程度に応じた階層的な関わり方をすることで，学校全体に支援を行うことが可能となる。

さらに窪田（2005b）は，以下のように教職員，児童生徒，保護者別に行うべき支援を整理している。

① 教職員：a) 教職員研修を行い自分たちに生じるストレス反応や対処方法に関する心理教育を行い，b) 自身の体験を表現する機会を設け，c) 児童生徒の状態の見立てや対応についてのコンサルテーションを行う。

② 児童生徒：a) クラス集会などで教職員が事実報告を行い，b)「こころの健康調査」を実施することで児童生徒の現在の心理状態の把握，c) ストレス反応や対処方法に関する心理教育，d) 担任・副担任による個別面談を行う。

③ 保護者：a) 緊急保護者会を開き事実報告，b) 児童生徒に対する

学校の取り組みの報告，c) 児童生徒の家庭でのストレス反応や対処方法に関する心理教育及び地域の社会資源などについて情報提供を行う。

このように，緊急支援においては，心理教育やコンサルテーションを通して児童生徒全体と間接的に関わりながら，教職員や保護者からの情報やこころの健康調査を通じて特に配慮が必要だと思われる者に対して個別に関わっていくという対応が望ましいだろう。このように程度に応じた支援は，危機が大規模・広範囲にわたり個別対応に限界がある場合には特に有効である。

心理教育

先述したように，危機発生後には様々なストレス反応が生じるが，それらは異常時における正常な反応である。しかしながら，生じる反応には個人差があり，時には他者の反応が受け入れられず対人間の対立が生じる場合もある。また，自分の頭がおかしくなってしまったのではないかと混乱したり，日常生活に支障が生じ不安感や抑うつ感が増幅することもある。こうした二次被害を防ぐために，ストレス反応を理解した上で適切に対処していくことができるよう，教職員，児童生徒，保護者など危機に直面している人に対して心理教育を行うことは有効である。

ブロックとジマーソン（Brock & Jimerson, 2004）によると，緊急支援における心理教育の目的は，危機によるストレス反応についての知識を得ることで，反応が生じた際への準備をすることだと述べられている。そして，心理教育のポイントを以下のようにまとめている。

①　児童生徒への心理教育：生じている危機や，生じうる反応についての児童生徒自身の理解を促し，反応への心の準備，セルフケアの方法，サポートの受け方を身に着ける。

②　ケアをする人への心理教育：生じている危機を理解し，自分たちや児童生徒双方において生じうる危機反応への準備をし，児童生徒の支援方法を身に着ける。さらに，他機関への紹介の仕方を知る。

③　情報提供：誰でも閲覧できる資料を作成し，資料を通して生じて

いる危機やそれによる影響について理解を促す。また，利用可能な
サポートを示しておく。
④　メモリアル反応の周知：児童生徒，教員やケアをする人たちに対
　　して，危機が起こった日に生じる可能性のある反応に関する理解を
　　促す。
　このように心理教育において，自分や他者に生じうる反応について正
しく理解し，反応に備えることを促す。各自が事前に反応を知ることで，
反応が生じたとしても「正常な反応である」と理解することができ，適
宜対応していくことが可能となる。教員研修や保護者会，各クラスにて
心理教育を行ったり，校内での掲示を通して周知していくことで，安心
してストレス反応を示すことができる環境を作っておくことが大切であ
る。

まとめ

　以上のように，危機に遭遇した場合，人や組織には様々な反応が生じ，
時にはシステム全体が機能不全状態に陥ることもある。こうした事態を
防ぐため，緊急支援において学校全体に対して支援を行うことが重要と
なる。樋渡ら（2016）は，緊急支援チームの支援を受けている学校の教
職員の方が，支援を受けていない学校の教職員よりも，問題焦点型の
コーピングを取っており，危機発生1か月後の回復感も高いことを示し
ている。すなわち，適切な緊急支援は，危機状況への冷静な対処となり，
混乱を最小限に抑え学校の機能回復を促すといえるだろう。しかしなが
ら，現場のニーズにそぐわない不適切な緊急支援（例えばディブリー
フィングの強要，カウンセリングの強要など）は，混乱の拡大，二次被
害を招く恐れがあることに留意をする必要がある。緊急支援は外部の者
が学校に入っていく以上，支援対象となる学校全体を捉え，組織風土や
ニーズに即した支援を実施していくことが大切である。

引用文献

Brock, S. E. & Jimerson, S. R.　2004　Chapter 10 School crisis interventions :

Strategies for addressing the consequences of crisis events. Edwin, R. & Gerler, Jr.（Ed）*Handbook of school violence*. The Haworth Press : New York. pp. 285-332.

Caplan, G. 1961 *An Approach to Community Mental Health*. Tavistock Press : New York.［山本和郎（訳）・加藤正明（監修） 1968 地域精神衛生の理論と実際．医学書院．］

Everly, G. S. & Mitchell, J. T. 1999 *Critical incident stress management（2nd Ed.）*. Chevron Publishing Corporation : Sussex.［飛鳥井　望（監訳）・藤井厚子（訳） 2004 惨事ストレスケア―緊急事態ストレス管理の技法．誠信書房．］

樋渡孝徳・窪田由紀・山田幸代ほか 2016 学校危機時における教師の反応と臨床心理士による緊急支援．心理臨床学研究，34(3)，316-328.

樋渡孝徳・窪田由紀・山田幸代ほか 2019 学校危機遭遇時の教師の反応―教師の立場別比較．人間科学，1，2-7.

上地安昭（編著） 2003 教師のための学校危機対応実践マニュアル．金子書房．

窪田由紀 2005a 第1章 学校コミュニティの危機．福岡県臨床心理士会（編） 窪田由紀・向笠章子・林　幹男ほか 学校コミュニティへの緊急支援の手引き．金剛出版，22-44.

窪田由紀 2005b 第2章 緊急支援とは．福岡県臨床心理士会（編） 窪田由紀・向笠章子・林　幹男ほか 学校コミュニティへの緊急支援の手引き．金剛出版，45-76.

三浦正江・久田　満・中村菜々子 2017 東日本大震災から4年半後の福島県における中学生のメンタルヘルス．ストレス科学研究，32，1-8.

向笠章子・林　幹男 2005 序論 取り組みの経緯―緊急支援の手引きができるまで．福岡県臨床心理士会（編） 窪田由紀・向笠章子・林　幹男ほか 学校コミュニティへの緊急支援の手引き．金剛出版，13-21.

II

家族臨床心理学研究・
実践の最前線

家族カウンセラーの多文化理解能力

皆川久仁子

1 背　景

　2019年の世界の移民数は 2 億7,200万人に達し（United Nations, 2019），今日地球の各地で人種が多様化している。1970年代以降，米国では多文化理解能力を備えたカウンセラーの養成を求める声が高まった。多文化理解能力とは，多種多様な文化を理解し，他文化に敬意を示す能力である。他文化圏では，行動・コミュニケーションスタイル・家族文化など，様々な価値観や規範が異なることを認識しなければ，カウンセラーは自文化中心の判断を下し，支援になるどころかクライエントの混乱を招き，罪悪感や恥を押し付けることになる（Whaley & Davis, 2007）。

　スーら（Sue et al., 1982）カウンセリング心理学者は，「今日の心理支援の基礎となっている心理学の概念や理論は，かつて欧米人が欧米人を対象に開発したものであり，それらを文化が多様化している今日の米国人の心理支援に適用するには限界がある」，「心理支援従事者の大多数は白人が占めており，今日の米国の人種の多様性に対応していない」と主張し，カウンセラーがクライエントの文化的価値に合致するアセスメントと介入方法を用いる「多文化カウンセリング能力（Multicultural

Counseling Competencies；以下，MCC）」を身につける必要性を訴え
た。MCC とは，1）カウンセラーが己の文化的価値や文化的アイデン
ティティについて気づき，2）クライエントの文化的世界観を認識し，3）
クライエントの背景にある文化に配慮した介入方法を提供するスキルの
ことで，カウンセラーの職能の一部として位置付けられた（Sandra，
2013）。2003年，米国心理学会（American Psychological Association）
は，「心理学者のための多文化教育・訓練・研究・実践・組織変容に関
するガイドライン（Multicultural Guidelines）」を倫理綱領に織り込む
に至った。現在の勢いで米国の人種多様化が進めば，現在多数派を占め
ている白人は40年後には少数派に転ずると予想され，多文化理解能力を
備えたカウンセラー養成の必要性はますます高まる。

2　米国家族カウンセラーの多文化カウンセリング能力

　米国のカウンセラー養成機関は MCC の導入に努めた。1977年には人
種やマイノリティ集団について学ぶコースを必須科目に指定していた大
学院は 1 ％にも満たなかったが，1992年には89％に増え，2002年以降は
カウンセラーを養成するほぼ全ての大学院・教育機関が必須科目として
加えるようになった（Sandra，2013）。この勢いは研究論文数にも表れ，
Journal of Counseling Psychology に限定した調査ではあるが，1954年か
ら2009年の間に発行された全論文3,717本中，多文化に関する論文数は
1,202本に上り，中でも人種・民族に関する論文数は年々増加している
（藤岡，2014）。
　カウンセラーと同様，家族カウンセラーにも多文化理解能力が求めら
れている。しかし，社会のあまりに速い変化に家族カウンセリングは十
分に対応できていないという声が挙がっている。人道主義心理学者・異
文化カウンセラー・LGBTQ コミュニティの支援者・東南アジアの女性
解放運動家であるノースウォーシー（Norsworthy, 2020）は，かつて自
らが大学院で家族カウンセリングを学んだ頃は，「白人，プロテスタン
ト，中流家庭，大学院生」という自分の身分が社会的に優位な立場にあ

ることを自覚することもなかったと述懐する。家族セラピストとして受けたトレーニングでは，「異性愛者，子どもがいる中流家庭，子どもは18歳になれば自立し，やがて結婚し，次世代家族も同じサイクルを辿る」ことが標準と考えられており，その枠から外れた家族を「機能しない家族」とみなしていた。しかし，今日，家族形態は多様化し，標準的家族を定義することは難しい。心理支援を求める家族に対して家族カウンセラーが，「健全な標準的家族の枠から外れており，システムが歪んでいる」と判断することは，家族をかえって窮地に追い込むことになる。

　経済的に恵まれないクライエントの家族を支援するには社会的文脈で捉えることが必要であることは，早い時期からミニューチンら（Minuchin et al., 1967）が唱えていたが，その頃と比べ，現在米国の移民数は圧倒的に増え，家族カウンセラーには人種的マイノリティの人々の心理支援に対応する能力が不可欠となっている。家族の問題が自国と滞在国の文化差に根差している場合，カウンセラーに求められる多文化理解能力は，2つの文化の間には男女の権力格差・家族内のヒエラルキー・コミュニケーションスタイル・子育て・親子関係・境界線など，家族員間の関係性に関わる違いがあることを理解し，それらに応じた心理支援をすることである。また，移民という社会的弱者の立場故に問題が派生している場合，社会的差別，経済格差など移民の置かれている弱い立場を理解し，エンパワーし，社会的リソースにつなげる能力が求められる。

　家族カウンセラーが多文化理解能力を備えるために，米国の養成機関はどのような取り組みをしているのか。その1つが，「文化ジェノグラム」の作成である（Hardy & Laszloffy, 1995）。己の文化ジェノグラムを作成することにより，自分の家族システムに主たる影響を及ぼしている文化を可視化し，そこから自文化中心の偏見に気づき，さらにその偏見がクライエントに与えるインパクトを認識する。また，外国体験を通して外から自文化をみつめることも有効であることが報告されている（McDowell et al., 2012）。米国の大学院生8人が，13日から17日間，中東またはアジアの国を訪れ，家庭訪問し，家族カウンセリングを見学し，

女性の権利・DV・宗教・教育・地域の公衆衛生などについて現地の人から講義を受けた結果，「この体験は家族カウンセラーを目指す私の目を開けてくれた」，「クライエントを社会的文脈から理解し共感する気持ちが芽生えた」，「地球規模の社会構造を通して家族を考えるチャンスになった」などの感想が上がった。自文化中心の偏見に気づいた学生は，それまでと異なった多文化レンズを通して家族を見ることができるようになる。

3　日本人海外駐在員妻の文化変容

　米国とは規模が違うが，世界の人口流動の波は日本にも押し寄せている。2019年の在留外国人数は282.9万人であった（法務省，2019）が，日本の労働力不足問題の対応策として新たに外国人労働者を受け入れる政府の決定を受けて，今後さらに増えることが予想される。日本を多文化化しているのは外国人だけではなく，日本を離れて外国で暮らし，再び日本に帰ってくる日本人によっても引き起こされる。2017年の時点で長期滞在者数は86.8万人であった（外務省，2017）。長期滞在者の中には留学生の他に，日本の企業から派遣された海外駐在員とその家族も含まれており，彼らは3か月以上の外国生活の後，日本に帰ってくることが想定されている。

　皆川（2020）は，海外に駐在する日本人駐在員に同行する妻を移住集団の一員と捉え，彼女たちの家族イメージは長期間外国に滞在することによって文化変容するのか否かを研究した。5年以上米国で生活した経験を持つ日本人駐在員妻（以下，駐在員妻）13人，日本以外の国で生活した経験がない日本人妻18人，米国以外の国で生活した経験がない米国人妻13人が描いた家族イメージ図（Family Image Technique）（亀口，2003）を比較した。その結果，妻が認識する家族内での【自己パワー】の項目で，3集団間に差異があることが認められた。米国人妻群が認識する【自己パワー】は日本人妻群の【自己パワー】より優位に高く，駐在員妻群の【自己パワー】は，日米両集団の中間に位置していた。駐在

員妻群は日本人妻群の【自己パワー】イメージを維持しつつ，米国人妻群の【自己パワー】イメージを取り入れていることが理解できた。

　次に，駐在員妻がイメージする夫妻間のダイナミックスが文化変容するか否かを解析するために，3集団の【自己パワー】と【夫のパワー】の相関を比較した。その結果，日本人妻群は「夫上位」と捉え，駐在員妻群は米国人妻群以上に「夫妻同等」とイメージしていることがわかった。しかし，さらに結果を詳細に分析すると，駐在員妻群がイメージする「夫妻のダイナミックス」は，完全に米国人妻群に同化したのではなく，日本人妻群の「夫上位」イメージを部分的に維持しつつ，米国人妻群の「夫妻同等」イメージを取り入れていると理解した。

　上記の研究結果を踏まえ，筆者はいくつかの多文化レンズを用いて日本・米国それぞれの家族文化の特徴を考察した。そのレンズの1つが，「個人主義と集団主義」である。人の心理や人間関係の文化間相違を説明するために，世界の人類学者，心理学者，社会学者，比較文化心理学者らは様々な次元を用いてきたが，中でも「個人主義と集団主義」は多くの学者に支持されている（Triandis, 1995）。ホフステードら（Hofstede et al., 1995）が50以上の国々に社員を置く多国籍企業の社員を対象に行った調査によれば，日本人の個人主義指標（individualism index）のスコア46は参加国の平均51よりも低く，日本人は集団主義的傾向が強いと解釈される。日本を含めて集団主義圏内の人々の思考は，「個人と他人が根本的に結びついている」という信念に基づいていることが特徴として挙げられている。集団のために己の欲求を犠牲にし，個人のパワーは弱い方が好ましいとする集団主義的思考は，日本人妻及び一部の駐在員妻の家族イメージ図に表れている。

　他に用いた多文化レンズには，文化心理学がある。文化心理学レンズを用いると，社会の中で築き上げられ，歴史の流れの中で維持されてきた価値観や文化の意味を通した解釈ができる。家族イメージ図で，日本人妻群が認識する夫妻関係が「夫上位」であったという結果は，規範や役割を重んじる儒教の教えに起源があると解釈される（北山・宮本, 2000）。駐在員妻の中には，長期間米国で暮らしても，自らのパワーを

夫のパワーより弱いと捉え，夫の後方支援をすることが自分の役割と受けとめる役割重視思考を維持している人がいると理解できる。

　男女格差も，文化間の相違を理解するのに多く用いられるレンズである。先のホフステードらは，男女格差を「男らしさ指標」（masculinity index）で表した。日本の「男らしさ指標」のスコアは95で，調査対象76か国中２位に位置している。「権力格差指標」と「男らしさ指標」をクロスして抽出したデータによれば，日本社会は「権力格差が大きく，かつ男女格差が大きい」範疇に入る。日本の家族は権力の大きい父親と，それを支える従順な母親の存在で成り立っていると解釈でき，皆川の研究結果を裏づけている。

おわりに

　日本人妻と米国人妻が認識する家族イメージの相違，及び駐在員妻の家族イメージの文化変容を理解するために，本稿では集団主義・個人主義，文化心理学，男女格差のレンズを通した考察を示した。ただし，同じ文化を共有し，同じ経験をした人々は同じ心理を共有していると推測することは，ステレオタイプ化による偏見につながることを留意する必要がある。さらに，外来の古典的家族療法のうちどの部分が今日のニーズに呼応しているか判断し，取捨することも必要であろう。家族カウンセラーには，家族の背景にある歴史的・文化的文脈を理解するだけではなく，最新の地球規模の社会情勢を理解し，それらに即応する支援を提供する能力が求められている。

引用文献

American Psychological Association　2017　Ethical principles of psychologists and code of conduct.
　http://www.apa.org/ethics/code/（2020/05/26閲覧）
藤岡　勲　2014　「心理臨床学研究」における民族的マイノリティを対象とした研究活動．心理臨床科学，4(1)，13-23．
外務省　2017　海外在留邦人数調査統計．
　https://www.mofa.go.jp/mofaj/toko/page22_000043.html（2020/01/09閲覧）

Hardy, K. V. & Laszloffy, T. A. 1995 The cultural genogram : Key to training culturally competent family therapists. *Journal of Marital and Family Therapy*, 21(3), 227-237.

Hofstede, G., Hofstede, G. J., & Minkov, M. 1995 *Cultures and organizations : Software of the mind, 3rd ed.* McGraw-Hill : New York.［岩井八郎・岩井紀子（訳） 2013 多文化世界—違いを学び未来への道を探る 原書第3版. 有斐閣.］

法務省 2019 令和元年6月末現在における在留外国人数について（速報値）. http://www.moj.go.jp/nyuukokukanri/kouhou/nyuukokukanri04_00083.html （2020/01/09閲覧）

亀口憲治 2003 家族のイメージ. 河出書房新社.

北山 忍・宮本百合 2000 文化心理学の洋の東西の巨視的比較—現代的意義と実証的知見. 心理学評論, 43(1), 57-81.

McDowell, T., Goessling, K., & Melendez, T. 2012 Transformative learning through international immersion : Building multicultural competence in family therapy and counseling. *Journal of Marital and Family Therapy*, 38(2), 365-379.

皆川久仁子 2020 日本人米国駐在員妻の文化変容—家族イメージを通して見る. こころと文化, 19(1), 44-52.

Minuchin, S., Montalve, B., Guerney Jr., B. G., et al. 1967 *Families of the slums : An exploration of their structure and treatment.* Basic Books : New York.

Norsworthy, K. L. 2020 *Multicultural feminist expansions in family therapy and practice : The search for relevance.*（印刷中. 本人の許可を得て引用.）

Sandra, T.-C. 2013 Multicultural counseling competencies : Extending multicultural training paradigms toward globalization. ACA Professional Information/Library (11). https://www.counseling.org/docs/default-source/vistas/multicultural-counseling-competencies.pdf?sfvrsn=7 （2020/01/09閲覧）

Sue, D. W., Bernier, J. E., Durran, A., et al. 1982 Position paper : Cross-cultural counseling competencies. *The Counseling Psychology*, 10, 45-52.

Triandis, H. C. 1995 *Individualism and collectivism.* Routledge : New York.［神山貴弥・藤原武弘（編訳） 2002 個人主義と集団主義—2つのレンズを通して読み解く文化. 北大路書房.］

United Nations 2019 The number of international migrants reaches 272 million, continuing an upward trend in all world regions, says UN. https://www.un.org/development/desa/en/news/population/international-migrant-stock-2019.html （2020/01/09閲覧）

Whaley, A. L. & Davis, K. E.   2007   Cultural competence and evidence-based practice in mental health services : A complementary perspective. *American Psychologist*, 62(6), 563-574.

III

日本家族心理学会第36回年次大会
「家族・スピリチュアリティ・美」より

家族・スピリチュアリティ・美

奥野 雅子

1 スピリチュアリティと美

　日本家族心理学会第36回年次大会は，2019年9月21日（土）～23日（月・祝）まで岩手大学で開催された。岩手大学農学部（旧盛岡高等農林学校）の卒業生である宮沢賢治は，彼の心象風景では岩手県を理想郷として「イーハトーブ」と呼んだ。宮沢賢治は，『銀河鉄道の夜』『注文の多い料理店』『風の又三郎』など多くの作品を残したが，どの作品も「スピリチュアリティ」や「死」，「人間愛」をテーマとしている。そんな地域的特性と最近の心理臨床における課題も鑑み，本大会のテーマは「家族・スピリチュアリティ・美」とした。家族支援を考える上での新たなる挑戦として，「スピリチュアリティ」や「美」というものに向き合ってみたいという思いからである。偶然で驚いたが，9月21日は宮沢賢治の命日であった。

　ウォルシュ（Walsh, 2009）は，スピリチュアリティを「超越的な考え方や実践を含む人間の体験」と定義している。我々心理臨床家は自身の認知や経験の枠を超え，理解の外にあるような超越的なものにどのように対応しているのかについて本大会で問いたいと考えた。たとえば，

神や仏や自然，また，突然降りかかったコントロールできない苦境，なぜ今それが自分に訪れたのかがわからない困難，そして自身の「死」も未経験なので超越的である。心理臨床家は，クライエントが想定外のことを経験している事態，つまり，スピリチュアルな体験をしている状況に向き合うことになるのである。心理臨床とはそのような行為である。

　また，心理臨床における美しさという観点に焦点を当てたいと考えた。しかし，美しさという概念は抽象的で捉えどころがない。美しさの本質とはいかなるものなのか。ベイトソン（Bateson, 1972；1979）によれば，その対象の中に美しさが存在するのではなく，その対象と自身の体験が結び合った結果だと述べている。その対象は超越的なものが多い。たとえば，夕焼けを美しいと感じるなら，夕焼けと私の中にあった体験がつながったことになる。子どもの頃遊び疲れて満足し，親と一緒に空を見たときの体験が今見た夕焼けの空とつながり，過去の幸せな記憶が今現実の中にある自然の美しさを引き出すと考えるのである。つまり，美は関係性において感知される。一方，心理臨床において知覚する美しさは，葛藤しているクライエントの人間としての美しさ，あるいは，ソリューションに向かっていくセラピー自体の美しさであったりする。それらもクライエントとの関係性の中で臨床家が感じることに他ならない。関係性の中で美が紡がれていく。そういった美しさに魅せられ，我々は心理臨床という仕事にいっそう傾倒していく。

　心理臨床家は人間のこころを対象とした科学者であり，かつ，科学の限界を認めながら超越的なものへのアクセスをも行っている。人間のこころの問題は，人間にとって超越的ともいえるからである。そこで，それらを科学的思考のみで解決しようとする，あるいは，超越的なものに身をゆだねてしまう，のいずれをも選択しないという態度がある。その態度が，ベイトソンの最後の著書である『天使の恐れ』（Bateson & Bateson, 1987）に挙げられている。つまり，科学と超越性のいずれにも偏らない，結論を出さないという選択である。それはいったいどういう行為を指すのか，本学会を通して議論を深めることを目的とした。

2 身体変容の科学とスピリチュアリティ

　本大会では，永澤哲先生（アティ・ゾクチェン研究所所長／上智大学客員准教授）に「身体変容の科学とスピリチュアリティ―チベット仏教の視点から―」という題目で特別講演を行っていただいた。永澤先生は宗教学者であり，脳科学者である。筆者が永澤先生に特別講演を依頼したきっかけは，「21世紀の瞑想する脳科学―自己変容のパラダイム」（永沢，2017）を拝読し衝撃を受けたからである。

　その論文では，慈悲の瞑想をしたチベット仏教の修行者は脳の構造が変化することが示されていた。これらの修行者は一日8時間の瞑想を3年から15年続けた僧であり，対象者はかなり特異的である。ある特定の瞑想を行っていると，それに関連している神経のネットワークが強く働くようになり，それに関連している神経細胞と神経細胞をつなぐシナプスの結合が強化される神経可塑性が出現し，脳の物理的構造も変化するのである。こういった修行僧は，室温3度の室内で，裸の体に水に漬け

永澤哲先生による特別講演

た布を一晩のうちに何枚も乾かすことができ，マイナス18度の戸外で裸で眠ることもできることが報告されていた。また，高度の瞑想修行を続けた修行者は，「トゥクタム」という期間があり，死が訪れるとき，心臓も呼吸も止まっているが瞑想のポーズが保たれたままで死後硬直も起こらず，血色も保たれる状態が数日から数週間続くことが観察されている（永沢，2017）。

こういった現象は現代の医学では決して説明がつかない。永澤先生の実際のご講演でこういった動画や写真を見せていただいた。人間の能力が科学的見解を超越している事象は，これまでの科学的基準では予測することができなくなる。その超越的存在に対し，人間が脳波やMRIを通して計測したのである。これはスピリチュアリティに対する科学による挑戦であるといえよう。永澤先生は，そういった態度は，決して超越的なものや自然を支配するためではないと述べられた。

永澤先生の特別講演では，マインドフルネス瞑想を行うと脳のネットワークが活性化する部分に関わる脳の体積が増えることを報告された。つまり，脳の構造が変化するということである。永澤先生が話されたマインドフルネスや慈悲の瞑想の効果をまとめると，瞑想によって積極的に物事を視る活動が増加し，抑うつ的に視る脳の活動が落ちること，ストレスを日常的に乗り越え，認知能力も改善されること，学習能力や免疫力が向上することなどが挙げられる。さらに，薬物乱用が劇的に低下することも指摘された。非常にストレスのある人は脳の活動がヒートアップしやすいため，それを修正するために薬を使っている可能性があるのだそうだ。このように，マインドフルネスや慈悲の瞑想を長い期間行っていると脳活動の変化が大きくなっていくのは筋肉トレーニングと同じであるが，瞑想は注意をどこに向けるかという能力を鍛えることだと述べられた。

また，永澤先生は音環境と人間との関連についての研究も報告された。人間はなぜ疲れた時に自然の中に入りたくなるのかというと，人間は元々森の中で暮らしていたからであると推察されている。滝，川，海といった自然の中の音環境では超音波が出ているのだそうだ。その音は超

音波であるがゆえ聞こえているという自覚はないが，人間の深い意識に影響を与えているという。たとえば，熱帯雨林の音環境には秩序があり，超音波がある。一方，都会の雑踏の中の音は無秩序で，超音波がない。そして，そういった無秩序な音環境の中にいると人間は次第に疲れてくる。疲れると山に行き滝に浸かりたくなる。永澤先生は，我々は町中にいるだけで一定のストレスを体験しながら生きていることを指摘された。人間が自然に誘われるといった一見スピリチュアルな現象に対して，科学的な説明を付与できる可能性について永澤先生は述べられた。

　さらに，人間が作り出す芸術や儀式などの音環境についての永澤先生のご説明が大変興味深かった。バリ島の仮面舞踏でトランスに入ると，エンドルフィンが通常の300倍出るのだそうだ。用いられている鈴や太鼓などの楽器から超音波成分が豊富に放出されているのだという。人間はこういった芸能を文化に取り入れて困難を乗り切ってきた側面があるのではないか。また，宗教儀礼には必ず音が伴われ，その音によってエンドルフィンが増加し，刃を突き刺されたとしても，エンドルフィンのために痛みをあまり感じないのではないかと推察されている。永澤先生のお話を聞き，僧侶の修行で火の中を歩くとか，穴の中に1週間閉じ込められるといった人間技とは思えないことをやり抜けることがエンドルフィンで説明できることに筆者は納得した。人間の身心に効果的な音として，チベット人はマントラを唱えるが，「阿弥陀仏」を唱えてもよいし，笑い声にも効果があるそうだ。笑うという行為に伴われる横隔膜の運動や肋骨筋が激しく動くと，エンドルフィンが出るのだという。チベットには笑う瞑想があり，最近の日本でも笑いヨガが注目されている。

　永澤先生のご講演は素晴らしかった。学際的なご研究であり，それは宗教学と脳科学だけではなく，心理学や理工学といった学問分野にもつながっている。永澤先生は身心の変容，つまり，人間の心とからだの変化を脳の「神経可塑性」で説明された。そして，その脳は「自己組織的なシステム」であるという。仏教の瞑想，ヨガ，祈りといった宗教的行為から心理療法にいたる，広い意味でのスピリチュアルな実践を対象とされていた。それらの研究における新しい科学の現在の到達点と，そ

の未来的意義について教えていただいた。現時点で，科学的基準を超越した現象に，どこまで人間による科学的説明が可能になるのか，それは我々の憧憬であり，創造と知性を求めるものでありたいと考える。

3　特別鼎談

　永澤先生の特別講演の後，長谷川啓三先生（東北大学名誉教授）と若島孔文先生（東北大学大学院教授）を交えて特別鼎談を行い議論を深めた。長谷川先生は，「個人の力を超えたものとして家族療法を学んでいる。幸福になるためにはどうしたらいいのか」と話されたことに対して，永澤先生は長谷川先生と若島先生が行われた震災プロジェクトを取り上げられ，ソリューションバンクや川柳，亡くなった方のために家族の儀礼を一緒に行うことなどを通して関係が変わっていくことに言及された。一人でやらざるを得ない弔いを家族で支えていくということが素晴らしいと述べられ，チベットの場合は一人で瞑想などを通して気づきを得ていくが，関係性の支援という点に共通点があると述べられた。

特 別 鼎 談

若島先生は，従来までは中枢から抹消へという研究の方向性が，近年は末梢から中枢の方向であり，全体として円環的な現象となっていることを理解したと述べられた。長谷川先生は，人間の脳は問題をみるようにできていると言われているが，仮に脳がそういう性質を持っているならば，問題の例外を問いかければ，脳に変化が起きるのではないかと話され，そういう研究の可能性について永澤先生に質問された。

　永澤先生は，フロー体験に言及され，何かに集中していてそれ以外に心が向かない状態のことだと述べられた上で，逆に過去や未来の不安は脳のデフォルトモードネットワークが賦活しているので，瞑想を行うことでその連結が弱くなり，現在の行為に集中する時に活性化する脳のネットワークが強化されていくと話された。つまり，今行動していることと関係ないことを考える時にデフォルトモードネットワークが働き，その時間が長ければ長いほど幸福度が低いのだという。たとえば，アイフォンを使用した実験デザインとして，①今何をして何を考えているのか，②どれくらい幸福か，③どれくらい今に集中しているのか，について回答してもらい，問題を抱えるグループとソリューションを生じたグループで比較できるかもしれないと提案された。それが複数の関係性の中で生起しているなら，それらの変数を検討する実験デザインの可能性も示唆された。

　長谷川先生は，個人だけでは解決が難しい問題で個人の幸福ではなく，他者も含めて幸福になる方法について永澤先生に問われたところ，「縁起」を変えることになるのではと返された。インタラクションの仕方をどう変えるかであると永澤先生が述べられた時には，家族療法とのつながりを筆者は感じた。一方，若島先生は，家族療法は身体への着目が抜けているのではないかと指摘され，２時間集中して犬小屋を建てていたら身体が楽になったという，ご自身の体験を取り上げられた。重労働していたのに身体が楽になったという状況から，身体と心が切り離せないことを伝えられた。心理療法の対象は人間なのに，家族療法ではコミュニケーションに焦点を当てているあまり，人間とどう向き合えていたのか，人間の現象であるスピリチュアリティも統合的に考えたいと感想を

述べられた。永澤先生は，宗教や伝統的な知恵をリソースとしてどのように使うかが重要かもしれないと述べられた。

　筆者はこの鼎談の司会を務めていたが，脳科学において脳がある部位を取り出しても機能を説明することが困難であるシステムであることは，家族心理学において家族成員それぞれの行動を分離して考えることができないのと同様であるのではないか，という感想を抱いた。脳に神経可塑性があり，ネットワークのパターンが変わることができるなら，家族にも同様に，科学的には説明がつかないくらいコミュニケーションのパターンが一気に変わってしまうような事態へと転換する可能性も，筆者には感じられた。そのような支援ができればいいと思う。

4　宗教者と心理臨床家との対話

　本大会ではワークショップを10件開催したが，その中の１つに「宗教者と心理臨床家との対話—スピリチュアルケアを考える」という題目で仏教者と筆者が対話しながら進めたものがある。ワークショップを担当

ワークショップ「宗教者と心理臨床家との対話」

していただいたのは竹中了祥先生（浄土真宗本願寺派僧侶）で，東北大学大学院文学研究科実践宗教学講座を修了され，臨床宗教師とスピリチュアルケア師の資格をお持ちである。

　竹中先生は「スピリチュアリティはすべての人間に備わっている資質」とされ，さらに「人間存在の根源的領域にあり，自己と他者との関係の在り様を肯定しようとする力であり，特に人生の危機的状況でその力を発揮する」と述べられた。竹中先生は身近なスピリチュアリティとして，占いや合格祈願，姓名判断などがあることを紹介された後，大きな苦悩に出会ったときのトータルペインとスピリチュアルペインの差異について宗教者の立場から説明された。また，菩提心として仏教の基礎となる「慈悲のこころ」について教えていただき，さらに，スピリチュアルケアと宗教的ケアの違いを指摘された。そこで，「どう生きるか」と「なぜ生きるか」の問いを対比され，宗教者としての思いを語られた。どう生きるかを選択できる前提には，"意のまま"があり，元気で健康で時間的余裕があるということ，一方，どうにもならない状況や事実に出会うと「なぜ生きなければならないのか」という感情が湧き上がってくる。竹中先生はそのことを大切にしたいと話された。そういった生きる意味を喪失している人々への支援として「Not Doing but Being」（"行動"ではなく，ただ真に"居る"）という態度を提示された。

　筆者は竹中先生のお話を受け，これまで自身が行ってきた家族療法と向き合わざるを得ない。我々家族療法家は変化に向かって介入に駆り立てられる。まさしく Doing である。しかし，Being することの意味はとてつもなく深い。目には見えない何か，科学的な証明が追い付かないスピリチュアリティが前提になるのだ。

　このテーマは今後も続いてゆくだろう。本大会では準備委員会企画シンポジウムを「臨床の美とスピリチュアリティ」という題目で行った。これについては次の著者にバトンを渡すことにする。

文　献

Bateson, G.　1972　*Step to an ecology of mind*. Brockman Inc. : New York. ［佐

　　藤良明(訳)　2000　精神の生態学　改訂第2版．新思索社．]

Bateson, G.　1979　*Mind and nature : A necessary unity*. Brockman Inc. : New York.［佐藤良明(訳)　2001　精神と自然―生きた世界の認識論．新思索社．]

Bateson, G. & Bateson, M. C.　1987　*Angels fear : Towards an epistemology of the sacred*. John Brockman Associate Inc. : New York.［星川　淳(訳)　1992　新版 天使のおそれ―聖なるもののエピステモロジー．青土社．]

永沢　哲　2017　21世紀の瞑想する脳科学―自己変容のパラダイム．鎌田東二(編)　身心変容の科学〜瞑想の科学―マインドフルネスの脳科学から，共鳴する身体知まで，瞑想を科学する試み．サンガ．pp. 44-73.

Walsh, F.　2009　Religion, spirituality, and the family : Multifaith perspectives. In F. Walsh (Ed.) *Spiritual Resources in Family Therapy* (*2nd ed.*). Guilford Press : New York. pp. 3-30.

家族のスピリチュアルケア

生と死をめぐる物語の再構築を支える

高橋恵子

はじめに

　日本は，2025年には団塊の世代が75歳以上となり超高齢多死時代に突入する。ライフサイクルの最終段階にある人やその家族への心理的支援のニーズが高まることは必然であろう。これまで筆者は心理職として，病により死を目前にした患者およびその家族，遺族，災害で大切な人や生活を失った人々にも関わってきた。しかし，「どうにもならないこと」に直面し逆境を生きている人々を目の前にして，もし何か言おうとしても言葉が上滑りしそうになるだけで，自己の無力感を抱くこともしばしばであった。生きとし生けるものは，いつか必ず最後を迎える。そのときに支援者である私たちはどうあればよいのだろうか。

1　スピリチュアリティとスピリチュアルペイン

　スピリチュアリティについてはさまざまな定義があるが，WHO（世界保健機関，1993）によれば「人間として生きることに関連した経験的一側面であり，身体感覚的な現象を超越して得た体験を表す言葉」とされる。窪寺（2000）は「生の危機に直面して『人間らしく』『自分らしく』生きるための『存在の枠組み』『自己同一性』が失われたときに，

それらのものを自分の外の超越的なものに求めたり、あるいは、自分の内面の究極的なものに求める機能」と述べている。また高橋・井出（2004）は「スピリチュアリティの本質は、人生の意味や死の恐怖、神の存在の探求など、人間存在の根底に関わる人間自身の内面性であり、全ての人間が共通にもつ生命の根源である」としている。

　病の治癒が見込めなくなった患者やその家族はしばしば、「なぜ自分がこのような病気になったのだろうか」「今まで何も悪いことなんてしていないのに何の罰なのか」「こんな状態になってはもう生きる意味なんてない。人生終わったと同然だ」等と話す。病や死は、患者本人や家族全体にさまざまな喪失や絶望をもたらす。例えば、今までできていたことができなくなった、人の手を借りざるをえなくなった等といった「自立／自律の喪失」、これからの人生でやりたかったことをあきらめざるを得ないといった「将来の喪失」、また、これまでの家庭内役割の遂行が難しくなったり家族システムの変化が余儀なくされたりすることもある。人は、生きる意味や存在意義、価値観が揺らいだときに大きな苦痛を感じる。このような苦痛は「スピリチュアルペイン」と言われ、「意味」と「関係性の喪失」による苦痛（藤井、2019）、「生の無意味、無価値、空虚などの苦しみ」「自己の存在と意味の消滅から生じる苦痛」（村田、2011）と定義される。スピリチュアリティについてどのようにとらえるかは個人差や文化差が大きく、さまざまな意味と解釈があるが、本稿ではスピリチュアリティを宗教的なものに特化したものとは考えず、生きることや死ぬことに関した実存的問いに対して、各人がどのようにとらえるか・意味づけを行うか、またその機能に着目して論じる。

2　生きること・死ぬことをめぐる語りの実際

　緩和ケア病棟に入院中のAさんは、「亡くなった母が夢で会いに来てくれたんです。母が待ってくれているならあちらの世界に行くのも怖くないかもしれません」と穏やかに語った。また、かなり身体状態が悪化してきたBさんは、「夢なのか現実なのかわからないけれど、作り物の

ようなお花畑の世界を見たんです。もしこれが天国ならお粗末すぎて嫌だわ」と苦笑された。Bさんと筆者は「本当の天国ならケチらないでもっときれいなお花にしてほしいですね」「天国ってどんなところなんでしょうね」と笑いあいながら一緒に想像を膨らませ，Bさんは「私が先に行って確かめてみるわね」と話された。最愛の夫を亡くしたCさんは，「リビングでご飯を食べていると，風もないのに別の部屋からお線香の煙がこちらに向かってくるんです。きっと夫が"まだそばにいたい"って言っているんだわ」とどこか嬉しそうに話された。ちなみに，震災後に亡くなった人の霊を見たという話もあるが、奥野（2017）で紹介されている通り，Cさんのように「亡くなってもそばにいてくれている」というポジティブな体験として語られることは珍しいことではない。さらに，死にゆく人々との面接では，一緒に歩んできた家族から自分だけが先にいなくなることについて「夫と私は行き先の違う切符だったのね。だから仕方ないんだなって思う」と語る方，「自分の生きざまを見せることが，最期に自分が家族に残せること」と語る方もあった。いずれも，自分なりに生きること・死ぬことの意味を見出し，納得したいという心の動きが感じられるものである。

3　スピリチュアルケア—家族の物語の再構築を支える

　スピリチュアルケアとは，スピリチュアルペインの緩和であり，スピリチュアルペインを抱えた人へのケアである。また，谷山（2016）は，「自身の超感覚的な体験を意味づけるはたらきによって，自分の支えとなるものを(再)確認・(再)発見し，さらに生きる力を獲得・確認する援助もしくはセルフケア」と述べている。そして，「スピリチュアリティは喪失の意味をみつける際に重大な役割を果たす」（瀬藤・前田，2019）のである。

　筆者自身，日ごろの臨床を通して思うのは，人間とは意味を求める生き物であるということ，スピリチュアルペインをもたらすのも和らげるのもまたスピリチュアリティであるということである。物理的な別れは

避けられないが，肉体は滅びても違う形で絆は続いていく。その結びつきを保証してくれる物語が，スピリチュアルペインを抱えた人の支えになることがある。身近な例で言えば，「亡くなった人が星になって見守ってくれている」という考えも，結びつきを保証する物語である。科学的には，AさんやBさんのような体験は単なる「夢」や，場合によっては「せん妄」という“症状”として理解されるし，Cさんの体験は何かの偶然と片づけられるかもしれない。しかし，科学的にどう説明できるかということではなく，その人にとってどのような意味がある体験であるのかを尊重したやり取りが，受け入れがたいことが腑に落ちていく過程を助ける。いわば，心理臨床家にできることのひとつは，「物語の再構築」を支えるということであり，科学的文脈に染まりすぎずにその人の物語に寄り添い，一緒に物語を紡ぐ存在であることが重要である。

　加えて言えることは，生や死について語り合うことをタブー視するのではなく，むしろ率直に語り合うことが有意義であるし，死を控えた人に安心や希望をもたらす場合もあるということである。同時に，支援者である自分自身を突き動かすもの・支えてくれているものは何なのかを自身に問うこと，すなわち，支援者自身のスピリチュアリティに目を向けることも，死を目の前にした人々と関わり続けていく上では重要なことであると考える。

文　献

藤井美和　2019　死生学にみるグリーフワーク．精神療法，45(2)，58-63.

窪寺俊之　2000　スピリチュアルケア入門．三輪書店．

村田久行　2011　終末期がん患者のスピリチュアルペインとそのケア．日本ペインクリニック学会誌，18(1)，1-8.

奥野修司　2017　魂でもいいから，そばにいて―3・11後の霊体験を聞く．新潮社

世界保健機関(編)・武田文和(訳)　1993　がんの痛みからの解放とパリアティブ・ケア．金原出版．

瀬藤乃理子・前田正治　2019　災害とグリーフワーク．精神療法，45(2)，39-45.

高橋正美・井出　訓　2004　スピリチュアリティーの意味―若・中・高齢者

の 3 世代比較による霊性・精神性についての分析．老年社会科学，26(3)，
296-307．

谷山洋三　2016　医療者と宗教者のためのスピリチュアルケア—臨床宗教師
の視点から．中外医学社．

新生児医療をめぐる家族の苦難と美談

黒澤奈々子

1　ある手紙

　ある赤ちゃんが病院で4か月の生涯を終えた。その子は胎児期より「おなかの中で亡くなるかもしれない」と言われながらも誕生したが，重い心疾患の影響で生後2か月から「寝たきり」の状態になっていた。その赤ちゃんの母親から，その子が亡くなって1か月後に手紙が届いた。

　黒澤さんへ　○○（赤ちゃん）・私・家族のことを褒めて頂いて，心が救われました。入院生活は本当に辛い日々でしたが，面接の後はマイナスな考えを必ずプラスにできました。（中略）○○は亡くなる2日前に指しゃぶりを見せてくれました。辛かった日々より幸せな日々をたくさん思い出します。（後略）
　　　　　（※手紙の内容は個人が特定されないように書き換えている）

　患児やご家族からの手紙は，いつだってたまらない。この子の母親は大切な子どもを失ってつらい中，筆者が励まされるような温かい言葉を書いてくださって嬉しかったが，それだけではなく，この手紙にそこは

かとない美しさを感じた。その母親は，面会中によく泣いていたけれど，それよりもよく笑っていた。赤ちゃんの状態に絶望し，あるときは（死なせてあげたいという意味で）「もう終わりにしたい」という言葉も発した。しかし同時に，その子の生まれてきた意味を考え，赤ちゃんの生き様から学び，最期は穏やかに看取られた。赤ちゃんを見るたびに「かわいいね」「大好きだよ」と声をかけ，負担にならない範囲でタッチングやマッサージ，ケアをしていた。赤ちゃんもまるでそれに応えているように時々ほんのわずかに手や口を動かした。母親が帰ろうとするときに無呼吸発作が起きることが多く，母親はそれを「○○が寂しがっている」と解釈して苦笑していた。母親と筆者は，面接室での真剣な面談を何度も重ねたが，筆者がその子のベッドサイドを訪問するときは「今日の○○のお洋服，よく似合ってるでしょう？」というような他愛もないおしゃべりも楽しんだ。

　その子は最期の2か月間，ほとんど動くことがなかったが，亡くなる2日前に指しゃぶりをして見せたという。母親は，その指しゃぶりに何を思い，どんな意味を見出したのだろうか。この子と母親の関係だからこそ，一瞬の指しゃぶりが素晴らしい思い出になったのではないかと思えた。

2　心理臨床家としてみた新生児医療の現場

　医療技術の進歩と周産期医療体制の整備により，日本の新生児死亡率は今や世界一低いが，低出生体重児等のハイリスク新生児（呼吸をしてミルクを飲み，排泄をするために高度な医療が必要な新生児）の数は減っていない（公益財団法人母子衛生研究会，2018）。ハイリスク新生児の治療の場として，新生児集中治療室（NICU：Neonatal Intensive Care Unit）という施設がある。赤ちゃんたちは生まれて早々に母親と離れて入院するため，NICU の中でいかに親子の関わりの機会をつくり，親の精神的安定や子どもとの関係構築を支援していくかということが重要となる。

初めて NICU に入った日のことは忘れ難い。薄暗く，機械音があち
こちから聞こえた。保育器の中には，手の平におさまりそうなくらい小
さな乳児が眠っており，その体には呼吸器や，ミルクや薬を入れる管が
いくつもつながれていた。そのときは正直，赤ちゃんが可愛いのかどう
か分からなかった。家族も同じような動揺を抱えているのか，表情がか
たく，抱っこや授乳にも制限のある赤ちゃんを前にして所在なさそうに
過ごしていた。

　多くの家族が，赤ちゃんの疾患の可能性を示唆されると，インター
ネットによる情報収集を始める。その過程の中で特定の疾患を疑うこと
もあるが，情報を得にくい珍しい疾患の場合は，「この子は何者なのだ
ろう」と赤ちゃんの存在に恐怖感を抱く家族もいる。その頃の家族，特
にお腹の中で赤ちゃんを育てた母親の自責の念は，並々ならぬものがあ
る。

　家族と医療者がともに赤ちゃんと向き合い，赤ちゃんの成長のペース
を尊重しながら治療やケアを続けていく中で，「やっぱりうちの子が一
番可愛い」と思えてくる時はくる。しかし医療現場では，病気の急変や
新たな疾患の発症など，想定外の事態に遭遇することが少なくない。そ
のとき家族は，再び絶望的な状況に落とされるような経験をする。

3　新生児医療における，苦しさの中の美しさ

　「美しさ」とは主観的なものだが，筆者は入院中の子どものそばに居
続ける家族の姿に美しさを感じる。ただ「居る」ことは，有り難がられ
にくく，自己効力感を得にくいことではあるが，ただ「何もせずにそこ
に居る」というのは，何らかの情がないとできないことである。治療の
ために何かを「する」ことが仕事である医療者には，難しいことだ。

　永田（2005）は，NICU では，親の傷つきを癒すこと，子どもの発達
や反応をうながすこと，そして親子がゆったりと過ごせる環境を整える
ことの3つの要因が有機的に作用し合い，NICU 全体が親子を抱える環
境として機能することで，はじめて親子の関係構築を支えていくことが

できると指摘している。東畑（2019）は、「居場所とは『尻の置き場所』なのだ。（中略）無防備に尻をあずけても、傷つけられない。そういう安心感によって、僕らの『いる』は可能になる」と記している。医療者は、居心地の悪さを感じ戸惑っている家族が、NICUに安心してお尻をくっつけていられるように、ケアしなければならない。ただし、子どもと一緒にいることが楽しくなければ、赤ちゃんから親の気持ちが離れていくということを、我々は経験から知っている。寝たきりで、抱っこも授乳もできない状況の赤ちゃんと楽しく過ごすというのは、実際には大変難しい。さらに家族は、ただ居るという頑張りを、自分では認めにくい。

　ベイトソン（Bateson, 1972）は、「ハード・サイエンスでは、出来事の原因は、つねに外界に、何らかの具象的な姿で実在することが前提になるわけですが、心の世界、コミュニケーションの世界では、ゼロもイチとの間に差異を持つという理由によって、原因になりうるのです」と述べている。つまり、物理的に説明できる世界の中で赤ちゃんを理解しようとすると、医学的に重症度の高い赤ちゃんの状態は「反応しない＝意味がない」ということになってしまう。しかし、反応がないところに意味を見出すことができるのが、人間の心なのである。

　赤ちゃんが重い障害を抱えて生きていくことや、間もなく亡くなることは、変えられない事実である。しかし、それに怯えて目の前の赤ちゃんとコミュニケーションがとれなくなることは、情緒的絆の形成を著しく妨げる。めったに動かない赤ちゃんを見ながら、「この子はこんなことを感じているのかな」と想像し、「そうかも。もしかしたら、こんなことも思っているかも？」と想像をつないでいく家族と支援者のやりとり。そこに赤ちゃんへの興味関心が生まれ、愛着がより深まるという美しさが生まれてくるのではないだろうか。その想像のアイディアとなるのが、スピリチュアリティや宗教、ユーモアや遊びだったりするだろう。自分や家族だけで抱えきれないことの多くを、人は昔から、神仏、山や海などの自然などに報告し、芸術として表現してきた。

文 献

Bateson, G. 1972 *Steps to an ecology of mind*. Brockman, Inc. : New York ［佐藤良明（訳） 2000 精神の生態学 改訂第2版. 新思索社.］

公益財団法人母子衛生研究会（編） 2018 わが国の母子保健—平成30年. 母子保健事業団.

永田雅子 2005 NICU における心理的ケア. 児童青年精神医学とその近接領域, 46(5), 555-560.

永田雅子 2016 周産期のこころのケア—親と子の出会いとメンタルヘルス ［オンデマンド版］. 遠見書房.

東畑開人 2019 居るのはつらいよ—ケアとセラピーについての覚書. 医学書院.

家族心理学関連文献一覧

1．関連学会等学術誌（2018年4月〜2019年3月・著者アルファベット順）

基礎研究：全般

吉田弘道，チェックリストの紹介(13)育児不安尺度—3歳児の母親用モデル—，子育て支援と心理臨床，15，145-147，2018年6月

基礎研究：家族全体（原則的に核家族）

平野直己，ビバハウスからのメッセージ—思春期の子育てに悩むご家族に宛てて—，子育て支援と心理臨床，16，35-42，2018年10月

入江真之，ふつうに生きる権利を小さくされた子ども・若者・子育て家庭にとってのよりどころとは，子育て支援と心理臨床，16，17-22，2018年10月

石田真弓・高橋孝郎・大西秀樹，がん患者の家族・遺族への対応—苦悩に対する援助のあり方—，精神医学，60(5)，525-532，2018年5月

岩井八郎，アジアの家族変動と家族意識—東アジア社会調査（EASS）とアジア比較家族調査（CAFS）からみた多様性と共通性—，家族社会学研究，30(1)，135-152，2018年4月

加藤伸司，「機能不全家族」の在宅介護問題—高齢者虐待—，臨床心理学，18(5)，547-551，2018年9月

小室龍太郎・林　誠・戸稚香子，臨床経験—終末期せん妄のコントロールが患者・家族の心理，社会，実存面の苦痛緩和に大きく影響した1例—，精神科治療学，33(8)，1005-1009，2018年8月

松田茂樹・菊地真理，日本とアジアの家族—社会調査で捉える現状と変容：特集への招待—，家族社会学研究，30(1)，107-110，2018年4月

小野善郎，グローバル時代の子育て支援（海外在留邦人の家族と子育て支援事情），子育て支援と心理臨床，15，110-112，2018年6月

太田美里・岡本裕子・橋本忠行，社会活動を行う犯罪被害者遺族のレジリエンスの検討，心理臨床学研究，36(3)，274-286，2018年8月

相良由美子・上原　徹，5分間スピーチサンプルで評価された家族の感情表出（EE）と知的障害を有する自閉スペクトラム症児の問題行動および家族の生活の質（QOL）との関連性，臨床精神医学，47(12)，1421-1430，2018年12月

相良由美子・上原　徹，家族の感情表出（expressed emotion）と知的障害を合併した自閉スペクトラム症児の問題行動との関連，精神医学，60(8)，881-891，2018年8月

関　久美子，NYすくすく会—海外育児支援グループの取り組み（海外在留邦人の家族と子育て支援事情）—，子育て支援と心理臨床，15，113-118，2018年6月

白石優子・黒田公美，親和性社会行動と親子支援(2)哺乳類の親子の協力とコンフリクト，子育て支援と心理臨床，15，130-135，2018年6月

田房永子，親や周囲からの被害と自分の加害性の関係，臨床心理学，19(1)，20-24，2019年1月

基礎研究：夫婦（婚前，結婚，離婚）

平井正三，別居と離婚をめぐる子どもの心情について—子どもの心理療法士の視点から（子育て支援講座 離婚・再婚家庭をめぐって）—，子育て支援と心理臨床，16，

44-48，2018年10月

五十嵐　彰，誰が「不倫」をするのか，家族社会学研究，30(2)，185-196，2018年10月

野口康彦，離婚・再婚家族における子どもの発達と養育支援（子育て支援講座　離婚・再婚家庭をめぐって），子育て支援と心理臨床，16，49-53，2018年10月

小川真理子，張り巡らされたパワーゲーム―ハラスメント―，臨床心理学，19(1)，64-68，2019年1月

土岐篤史，社会疫学からみた夫婦，家族療法研究，35(1)，4-10，2018年4月

打越文弥，夫婦世帯収入の変化からみる階層結合の帰結―夫婦の学歴組み合わせと妻の就労に着目して―，家族社会学研究，30(1)，18-30，2018年4月

基礎研究：親子・親（両親あるいは父母区別せず）

萩臺美紀・高木　源・成海由布子ほか，思春期の娘の問題行動に悩む夫婦の事例，精神療法，44(6)，845-852，2018年12月

黒田公美，子育てと児童虐待に関わる脳内回路機構―行動神経科学の視点から―，臨床精神医学，47(9)，1021-1028，2018年9月

水本深喜，青年期後期の子の親との関係―精神的自立と親密性からみた父息子・父娘・母息子・母娘間差―，教育心理学研究，66(2)，111-126，2018年6月

西澤　哲，子ども虐待における加害と被害の世代間連鎖と世代内連鎖，臨床心理学，18(5)，542-546，2018年9月

齋藤沙織・涌水理恵，新生児集中治療室（NICU）において児を看取った親と医療者の心理的影響に関する国内文献検討，家族看護学研究，24(2)，197-205，2019年2月

斉藤知洋，ひとり親世帯の所得格差と社会階層，家族社会学研究，30(1)，44-56，2018年4月

佐々木美恵，放射線下で幼稚園教諭が感じた保護者の変化についての質的検討，心理臨床学研究，36(4)，458-464，2018年10月

佐藤みのり，うつ病の親を持つ子どもがヤングケアラー化し精神疾患を発症する場合―複線径路・等至性モデルによるプロセスの検討―，心理臨床学研究，36(6)，646-656，2019年2月

友田明美，児童虐待の中枢神経系への影響，臨床精神医学，47(9)，975-981，2018年9月

基礎研究：母子・母（主として）

赤木真弓，母娘関係が娘のアイデンティティ形成と精神的健康に与える影響―母娘関係尺度の作成を通して―，発達心理学研究，29(3)，114-124，2018年9月

馬場俊明・臼田謙太郎，周産期メンタルヘルス―産後うつ病と児童虐待との関連を中心として―，臨床精神医学，47(9)，983-991，2018年9月

傳田健三，子どものうつ病―anaclitic depression（依存抑うつ）について―，精神医学，60(10)，1101-1109，2018年10月

池田幸恭，母親とのかかわり方からみた青年期における母親に対する感謝の心理状態の特徴，教育心理学研究，66(3)，225-240，2018年9月

菊池祐子，児童虐待の対応，臨床精神医学，47(9)，993-998，2018年9月

松枝加奈子・菊池良太・山崎あけみ，産後1カ月間の母親の家族コミュニケーションの実態と育児困難感に関連する要因，家族看護学研究，24(2)，164-173，2019年2

月

夏苅郁子，家族という不条理―統合失調症の母を持った児童精神科医として思うこと―，臨床心理学，19(1)，15-19，2019年1月

佐藤佑貴・金澤潤一郎，母親のADHD症状と養育スタイルの関連―感情調節困難に注目して―，発達心理学研究，29(3)，105-113，2018年9月

山野良一，貧困―家族依存社会の中で生きること―，臨床心理学，19(1)，25-29，2019年1月

山下　洋，愛着対象とその喪失　3部作― John Bowlby ―，精神医学，60(10)，1119-1128，2018年10月

山下　洋，児童虐待における養育者―子どもの関係性とその障害―アタッチメント形成と精神発達への長期的影響の視点から―，臨床精神医学，47(9)，965-973，2018年9月

基礎研究：父子・父（主として）

岐部智恵子，父親の抑うつの家族関係への影響―乳児期に着目した縦断的検討―，発達心理学研究，29(4)，219-227，2018年12月

野原一徳，卒業期の女子大学院生における父親像と殻表像，心理臨床学研究，36(5)，523-533，2018年12月

基礎研究：多世代家族・拡大家族（老親）

福田真清，老障介護家庭における知的障害者の自立をめぐる経験―当事者視点で捉えた複線経路・等至性モデルによるプロセスの可視化を通して―，社会福祉学，59(3)，30-43，2018年11月

堀口康太・大川一郎，高齢者の社会的活動への動機づけと他者との関係性の関連―活動内の仲間関係，配偶者，子供，孫の4側面に着目した検討―，教育心理学研究，66(3)，185-198，2018年9月

施　利平，中国における都市化と世代間関係の変容―浙江省一近郊農村の事例研究より―，家族社会学研究，30(1)，31-43，2018年4月

田渕六郎，2000年代における現代日本家族の動態―NFRJの分析から―，家族社会学研究，30(1)，111-120，2018年4月

基礎研究：学校（家族と学校との関係）

林田美咲・黒川光流・喜田裕子，親への愛着及び教師・友人関係に対する満足感が学校適応に及ぼす影響，教育心理学研究，66(2)，127-135，2018年6月

基礎研究：地域（家族と他のシステムとの関係）

林　祐介，患者と家族の退・転院先の意向についての量的研究―A病院のカルテ・ソーシャルワーク記録調査より―，社会福祉学，59(1)，13-26，2018年5月

宮本正彦，横浜市の子育て家庭を取り巻く状況（小特集　子育て支援と臨床心理士：保育現場との出会い），子育て支援と心理臨床，15，90-95，2018年6月

中山栄美子，家庭科教育列島リレー(11)地域とのつながりの中で考える子育て―「やってみないとわからない」「やってみたらおもしろい」―，子育て支援と心理臨床，15，148-150，2018年6月

宍戸邦章，東アジアにおける家族主義と個人化―EASS 2006家族モジュールに基づく日韓中台の比較―，家族社会学研究，30(1)，121-134，2018年4月

高橋順一・黒木保博・出井涼介ほか，就学前児童の親の次世代育成支援対策推進事業に対する認知的評価と社会福祉関連 QOL の関係，社会福祉学，59(1)，1-12，2018年5月

藤後悦子・三好真人・井梅由美子ほか，地域スポーツに関わる母親のネガティブな体験，心理学研究，89(3)，309-315，2018年8月

基礎研究：方法論

稲葉昭英，全国家族調査（NFRJ）のこれまでとこれから，家族社会学研究，30(2)，247-249，2018年10月

石田　浩，日本の家族に関する計量分析の新たな地平—『日本の家族1999-2009：全国家族調査［NFRJ］による計量社会学』に学ぶ—，家族社会学研究，30(2)，231-235，2018年10月

石原孝二，ピアサポート・オープンダイアローグ—オープンダイアローグの研究動向—，臨床心理学，18(4)，493-498，2018年7月

神原文子，全国家族調査2018の革新への期待を込めて——家族社会学者からのコメント—，家族社会学研究，30(1)，156-159，2018年4月

小平かやの・佐藤政子，児童虐待に対する治療的介入，臨床精神医学，47(9)，1005-1010，2018年9月

鈴木　透，家族人口学の課題，家族社会学研究，30(2)，236-241，2018年10月

応用・臨床：全般

信田さよ子，加害・被害の原点は DV にあり，臨床心理学，18(5)，528-532，2018年9月

応用・臨床：家族全体（原則的に核家族）

チェ・ジウォン，ナラティヴ・セラピーによるキルギアッパのアイデンティティ再構成，家族療法研究，35(3)，228-233，2018年12月

伏見真由・山﨑智子，国内の質的研究におけるがん患者と死別する家族の体験の統合，家族看護学研究，24(2)，206-220，2019年2月

岩渕直美・法橋尚宏・本田順子ほか，慢性疾患児の退院の意思決定に影響する家族／家族員ビリーフ—文献検討，看護師と家族への半構造化面接による分析—，家族看護学研究，24(1)，109-122，2018年9月

桐生育恵・佐藤由美，生活習慣病予防に関する保健指導は家族に影響を与えるのか—保健指導がきっかけで家族に生じた健康に関するよい変化と，それに関連する参加者の影響—，家族看護学研究，24(2)，156-163，2019年2月

近藤直司，家を出られない若者と家族，家族療法研究，35(3)，222-227，2018年12月

小田切紀子，日本におけるステップファミリーの現状と課題，家族療法研究，35(1)，37-40，2018年4月

鈴木　太・牧野　拓・上村　拓，青年期神経性やせ症に対する家族療法—family based treatment（FBT）の実際—，精神科治療学，33(12)，1405-1411，2018年12月

応用・臨床：夫婦（婚前，結婚，離婚）

青木　聡，離婚，家族療法研究，35(1)，30-36，2018年4月

ダリュシュ・ピオトゥル・スコブロインスキー［日本語訳：中村伸一］，日本におけ

るカップル・セックス・セラピー，家族療法研究，35(1)，25-29，2018年4月

藤井真樹・小林康司・井上玲子，若年性膵がんで治験を受けた患者の配偶者のストレス対処に関する事例研究，家族看護学研究，24(1)，98-108，2018年9月

萩田真美，音声機能を喪失した喉頭摘出患者と共に生活する妻の体験，家族看護学研究，24(1)，41-50，2018年9月

平山史朗，子どもがほしい夫婦への心理支援─不妊への支援─，家族療法研究，35(1)，41-45，2018年4月

金政祐司・荒井崇史・島田貴仁ほか，親密な関係破綻後のストーカー的行為のリスク要因に関する尺度作成とその予測力，心理学研究，89(2)，160-170，2018年6月

松田真理子，妻の自殺を経て人生の再構築に向かった中年期男性─宗教性の観点も交えて─，心理臨床学研究，36(6)，589-599，2019年2月

野末武義，カップル・セラピー概論，家族療法研究，35(1)，11-16，2018年4月

小笠原知子・松本健輔・団 士郎ほか，事例を基に，経験者セラピストとの対話を通して学ぶ─カップルカウンセリングの誌上スーパービジョン─，家族療法研究，35(1)，17-24，2018年4月

柳 煌碩，現代日本社会を生きる主夫たちの男性性─8人の主夫のライフストーリーを手がかりに─，家族社会学研究，30(1)，57-71，2018年4月

菅谷典恵・清水清美，AIDを検討する夫婦にカウンセリングを実施する意義とその課題─実施後のアンケート調査から─，日本生殖心理学会誌，4(1)，29-33，2018年7月

米田 愛・中山美由紀，急性期における壮年期脳血管疾患男性患者の家族の対処，家族看護学研究，24(2)，174-184，2019年2月

応用・臨床：親子・親（両親あるいは父母区別せず）

岩坂英巳，発達障害のペアレント・トレーニング，精神療法，44(2)，175-180，2018年4月

隈元みちる，保護者支援としての協同的WISC-IVフィードバック─自身も発達障害を有する保護者との事例を通して─，心理臨床学研究，36(4)，377-386，2018年10月

森田展彰，児童虐待加害者にどのように働きかけるか？─リスク要因の評価と援助関係の確立を中心に─，臨床精神医学，47(9)，1011-1019，2018年9月

村瀬嘉代子・橋本和明，加害のなかの回復─暗転した世界に兆す一縷の光を求めて─，臨床心理学，18(5)，514-522，2018年9月

高岡昂太，子ども虐待から親に対する家庭内暴力へ，臨床心理学，18(5)，537-541，2018年9月

横山富士男，ADHD患者の家族支援・学校教育支援をめぐって，臨床精神医学，47(5)，565-572，2018年5月

応用・臨床：母子・母（主として）

細金奈奈，発達障害児の母子関係への修正的介入─自閉スペクトラム症の男児と母の親子相互交流療法（PCIT）の治療経過を中心に─，精神療法，44(2)，168-174，2018年4月

丸山暁子・福澤利江子・大友英子ほか，出生前に先天性心疾患の診断を受けた子どもに関する母親の時間的展望─「普通」という意味の経時的な変容とその契機─，家族看護学研究，24(1)，62-73，2018年9月

村上靖彦，場と変化を支える—にしなり☆こども食堂における母親支援を例にして—，精神療法，44(3)，329-334，2018年6月

高橋有記・大西雄一・三上克央ほか，自閉スペクトラム症に併存した選択性緘黙の1症例，臨床精神医学，48(1)，119-124，2019年1月

Yoshimi Tsunekuni・Keiko Matsumoto, The Meaning of 'Assertion' for Mothers of Children/Persons with Severe Motor and Intellectual Disabilities at Home from School-Age to Young Adulthood, 家族看護学研究，24(1)，26-40，2018年9月

応用・臨床：多世代家族・拡大家族（老親）

久保川真由美・近藤由香，非がん高齢者家族の終末期から死への過程の認識—在宅の主介護者へのインタビューから—，家族看護学研究，24(1)，51-61，2018年9月

応用・臨床：地域（家族と他のシステムとの関係）

荒牧草平，母親の高学歴志向の形成に対するパーソナルネットワークの影響—家族内外のネットワークに着目して—，家族社会学研究，30(1)，85-97，2018年4月

平谷優子・法橋尚宏・市來真登香ほか，入院中の病児をもつ家族が看護師に期待する家族支援，家族看護学研究，24(1)，14-25，2018年9月

本間恵美子・斎藤まさ子・内藤　守ほか，ひきこもり親の会の参加者の変化と子どものひきこもり行動との関連，家族看護学研究，24(1)，86-97，2018年9月

北川信樹，双極性障害の認知行動療法・リワーク，精神医学，60(7)，763-772，2018年7月

松本直之，高次脳機能障害における作業療法，精神医学，60(8)，863-872，2018年8月

西村幸浩，いじめ裁判における家族への帰責の変容—判決の内容分析を通して—，家族社会学研究，30(1)，72-84，2018年4月

奥野　光，大学生の一人暮らし—Leaving Home—，家族療法研究，35(3)，212-216，2018年12月

扇原貴志，大学生における子育ての社会化志向尺度の作成，心理学研究，89(1)，93-103，2018年4月

斎藤まさ子・本間恵美子・内藤　守ほか，ひきこもり状態の人が支援機関に踏み出すまでの心理的プロセスと家族支援，家族看護学研究，24(1)，74-85，2018年9月

坂本千晶・藤巻康一朗・西田征治ほか，多職種連携による認知症在宅復帰プログラムの開発，精神医学，61(1)，113-122，2019年1月

鈴木浩之，子ども虐待ソーシャルワークにおける共同関係の構築—保護者の「折り合い」への「つなげる」支援の交互作用理論の可能性—，社会福祉学，59(2)，1-14，2018年8月

高谷知史・本田順子・法橋尚宏，家族システムユニットと医療職者における家族コンコーダンスの構成要素—慢性疾患患者・児がいる家族への半構造化面接の内容分析—，家族看護学研究，24(2)，142-155，2019年2月

植杉永美子，家庭裁判所（調査官），臨床心理学，18(4)，423-424，2018年7月

渡辺俊之，独居高齢者，家族療法研究，35(3)，217-221，2018年12月

余田翔平，有配偶女性の就業とディストレス—NFRJ08-Panelによる検討—，家族社会学研究，30(1)，98-106，2018年4月

吉田由香，家事調停（面会交流），臨床心理学，18(4)，432，2018年7月

応用・臨床：方法論

藤井和世・伊藤順一郎，精神障害者，退院後の一人暮らし，家族療法研究，35(3)，241-246，2018年12月

深津千賀子，治療構造と抱える構造—子育て支援にひきつけて—，臨床心理学，18(3)，264-268，2018年5月

服部隆志，心理的虐待のアセスメントについての検討，精神療法，44(2)，243-254，2018年4月

石原孝二・安達映子・野口裕二ほか，[大会企画2]オープンダイアローグ・シンポジウム[学際編]，家族療法研究，35(2)，183-195，2018年8月

ヤーコ・セイックラ，第34回つくば大会[特別講演]重篤な精神科的危機において他者性を尊重すること—オープンダイアローグの貢献—，家族療法研究，35(3)，247-252，2018年12月

小松原織香，修復的司法，臨床心理学，18(4)，433，2018年7月

中村留貴子，思春期臨床における治療構造，臨床心理学，18(3)，274-278，2018年5月

中村伸一，家族臨床における治療構造，臨床心理学，18(3)，323-328，2018年5月

中村伸一，外来精神療法に家族療法のエッセンスを活かす，精神療法，44(4)，498-502，2018年8月

斎藤　環，[大会長講演]オープンダイアローグの日本における可能性，家族療法研究，35(2)，164-170，2018年8月

植村太郎・白木孝二・髙木俊介ほか，[大会企画1]オープンダイアローグ・シンポジウム[臨床編]，家族療法研究，35(2)，171-182，2018年8月

脇谷順子，子どもの治療における治療構造と設定，臨床心理学，18(3)，269-273，2018年5月

米倉一磨，被災地とアルコール依存症—多職種チーム支援の実際—，家族療法研究，35(3)，234-240，2018年12月

その他

土井善晴，ヒト　カラダ　こころ　と　お料理。精神療法，44(6)，799-803，2018年12月

2．家族心理学研究掲載論文（掲載順）

第32巻1号（2018年7月）

武藤麻美・桂田恵美子，多様な家族形態の児童に対する社会的距離—個人の帰属複雑性と性役割態度との関連に焦点を当てて—，1-13

小川洋子，子どもが面会交流を通じて別居親と新たな関係性を築くまでのプロセスに関する質的研究，14-28

原　健之，乳幼児を持つ母親のワーク・ファミリー・エンリッチメント—媒介モデルによる検討—，29-40

下橋場幸子・奥野雅子，高齢者のカップルセラピーの課題に関する一考察—家族ライフサイクルの視点から—，41-54

第32巻2号（2019年3月）

狩野真理，性役割観が夫婦関係満足度に及ぼす影響—パートナーの性役割観を推測し

たペアデータを用いて一，81-94
上松幸一，不登校児へのシステム論的視点を用いた介入一父子，母子合同箱庭を用いて一，95-107
鈴木いつ花，がん闘病中の夫婦のコミュニケーションにおける困難一話題にしづらかった内容とその背景要因一，108-122

3. 家族心理学年報第36号（2018年8月）掲載順

畠中宗一，福祉における個と家族支援の今日的課題，2-12
中川るみ，福祉制度・社会資源の活用とケースマネジメント（更生保護），13-17
新保幸男，「2016年児童福祉法改正」と「児童の最善の利益」，18-22
平岡篤武，マルトリートメントと子育て支援，23-32
野口康彦，親の再婚・離婚を経験した子どもの家族の支援，33-41
坂口伊都，改革の中にある社会的養育から里親支援を考える一養育里親の実践から一，42-50
田附あえか・大塚　斉，児童養護施設における心理職の役割と家族支援一子どもが育つ場での心理的援助一，51-61
牧　裕夫，「計画」と「実践」に対する3相システムの提案一精神疾患者への職リハビリテーション支援事例から一，62-71
森野百合子，発達障害者とその家族への支援の現状と課題，72-83
森田展彰，アディクションのある人の家族の援助，84-94
樫村正美，認知症と家族支援，95-104
三谷聖也，エンドオブライフ期における家族支援，105-113
小野寺敦志，高齢者臨床における支援者支援，114-122
鈴木正貴，臨床心理士と保健師との連携による地域・家族支援一A自治体における地域精神保健活動から一，123-131
友田明美，児童虐待（マルトリートメント）と脳科学，134-144
奥山滋樹，新たな家族支援のかたち一ヤングケアラーの実態と支援への展望一，145-153
狐塚貴博，若島孔文・長谷川啓三，システム論を再考する，156-164
大熊保彦，公認心理師と家族心理学，165-173
長谷川啓三，変化のシステム論一いのち，愛，家族一，174-182

編　　集／生田倫子（神奈川県立保健福祉大学）
編集協力／伊東　優（医療法人栄仁会宇治おうばく病院）
　　　　　　小田桐俊幸（大正大学）
　　　　　　鴨志田冴子（東北大学）
　　　　　　王　翠（駒澤大学）
　　　　　　本多　綾（駒澤大学）
　　　　　　松田萌花（東京女子大学）
　　　　　　向田　亮（児童発達支援／放課後等デイサービス　ごえん）
　　　　　　門馬なつみ（星ヶ丘病院）

Psychotherapy for Individual and Family in Education Field

Japanese Association of Family Psychology Annual Progress of Family Psychology Volume 38, 2020

Contents

■人名・事項索引■

■執筆者一覧 （執筆順）

生田　倫子（いくた・みちこ）　　　神奈川県立保健福祉大学

内田　利広（うちだ・としひろ）　　京都教育大学

鵜養　美昭（うかい・よしあき）　　日本女子大学（名誉教授）

鵜養　啓子（うかい・けいこ）　　　昭和女子大学

畠中　宗一（はたなか・むねかず）　関西福祉科学大学

駒場　優子（こまば・ゆうこ）　　　墨田区子ども施設課・中野区子ども家庭
　　　　　　　　　　　　　　　　　支援センター

大町　知久（おおまち・ともひさ）　北里大学健康管理センター

中野　真也（なかの・しんや）　　　東京福祉大学

喜多見　学（きたみ・まなぶ）　　　立正大学心理臨床センター

宮﨑　昭（みやざき・あきら）　　　立正大学

長谷川啓三（はせがわ・けいぞう）　東北大学（名誉教授）

矢口　大雄（やぐち・だいゆう）　　和洋女子大学

久保　順也（くぼ・じゅんや）　　　宮城教育大学

岩本　脩平（いわもと・しゅうへい）ファミリーカウンセリングルーム松ヶ崎
　　　　　　　　　　　　　　　　　ふくらむ

石丸径一郎（いしまる・けいいちろう）お茶の水女子大学

三道なぎさ（さんどう・なぎさ）　　東北文教大学

森川　夏乃（もりかわ・なつの）　　愛知県立大学

皆川久仁子（みなかわ・くにこ）　　国際医療福祉大学

奥野　雅子（おくの・まさこ）　　　岩手大学

高橋　恵子（たかはし・けいこ）　　みやぎ県南中核病院

黒澤奈々子（くろさわ・ななこ）　　茨城県立こども病院

教育分野に生かす個と家族を支える心理臨床

日本家族心理学会編

家族心理学年報 38　　　　　　発行者 金子紀子／発行所　株式会社　金子書房
2020 年 8 月 31 日　初版第一刷発行　　　郵便番号 112-0012 東京都文京区大塚 3 丁目 3 番 7 号
　　　　　　　　　　　　　　　　　　　　電話 03（3941）0111-3　振替　00180-9-103376
　　　　　　　　　　　　　　　　　　　　URL　https://www.kanekoshobo.co.jp
〈検印省略〉　　　　　　　　　　　　　印刷　藤原印刷株式会社／製本　一色製本株式会社

　　ISBN 978-4-7608-2433-5　C3311　　　　　　　　　Printed in Japan ⓒ 2020